Alexandra Türk-Espitalier

Musiker in Bewegung

100 Übungen mit und ohne Instrument

MUSIKVERLAG ZIMMERMANN

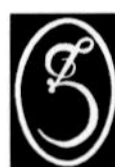

ZM 00030

Aus Gründen der besseren Lesbarkeit wird in dieser Publikation die Sprachform des generischen Maskulinums angewandt. Wir möchten darauf hinweisen, dass diese Form geschlechtsunabhängig verstanden werden soll.

IMPRESSUM

Alexandra Türk-Espitalier

Musiker in Bewegung

100 Übungen mit und ohne Instrument

ZM 00030
ISBN 978-3-940105-13-4
ISMN 979-0-010-00030-5

Fotos: Jérôme Müller-Dupage
Zeichnung: Ulla Udluft
Layout und Gestaltung: Corinna Articus

Kein Musiker wird negieren, dass sein Körper einen essentiellen und fundamentalen Anteil beim Musizieren besitzt und dessen Funktion und Leistungsfähigkeit in direkter Beziehung zur musikalischen Leistungsfähigkeit steht. Dennoch erstaunt es, dass viele Musiker relativ wenig über die Funktionsweise und den Aufbau des Körpers im Kontext des Musizierens wissen wollen. Weiterhin verblüfft es zuweilen, wie wenig Aufmerksamkeit und Engagement hinsichtlich der Körperwahrnehmungsfähigkeit und der physischen Leistungsfähigkeit aufgewendet werden. Anscheinend ist es eine weit verbreitete Annahme, dass diese Zeit wesentlich besser in das eigentlich instrumentale Üben investiert werden sollte.

Allerdings zeigen die letzten Jahre einen deutlichen Trend auf, nämlich eines gesteigerten Interesses vor allem seitens junger Musiker, doch mehr über die körperlichen Hintergründe – natürlich auch die psychischen Hintergründe – des Musizieren zu erfahren. Es findet sich vermehrt die Initiative, vor allem auch präventiv tätig zu werden, damit einerseits mögliche Überlastungsprobleme erst gar nicht auftreten, um andererseits aber auch für die Qualität der instrumentalen Technik und Ausdauer zu profitieren.

Man kann es nur eine glückliche Fügung nennen, dass in Frau Türk-Espitalier eine Persönlichkeit verfügbar ist, die einerseits als Diplom-Flötistin die Welt des Musikers und die an ihn gestellten Anforderungen hervorragend aus eigener Praxis kennt, andererseits als ausgebildete und praktizierende Physiotherapeutin Kennerin typischer Beschwerden und deren Behandlung bei Musikern ist. Daraus resultiert auch eine breite Erfahrung in der Physioprophylaxe für Musiker, somit der Möglichkeiten, gezielte vorbeugende Maßnahmen zu ergreifen, welche vor allem körperlichen Überlastungsfolgen begegnen sollten.

Durch ihren Lehrauftrag im Bereich Musikphysiologie und Physioprophylaxe an der Hochschule für Musik und Darstellende Kunst Frankfurt am Main besteht zudem eine hohe pädagogische Kompetenz, das Wissen aus diesen unterschiedlichen Bereichen praxisrelevant Musikern zu vermitteln, um Konzepte für die tägliche Praxis des Musizierens und Übens anzubieten.

Ein Glücksfall für Musiker ist somit auch das vorliegende Buch, welches in vielfältiger Weise diese relevanten Fakten einerseits textlich und gut verständlich präsentiert, andererseits durch hoch-professionelle und durchdachte Abbildungen jenes sichtbar macht, was der Text nur schwer vermitteln kann.

Die neue Publikation von Frau Türk-Espitalier kann ich als deutliche Bereicherung der Fachbibliothek eines jeden Musikers / einer jeden Musikerin nur ausdrücklich empfehlen!

Prof. Dr. med. Jochen Blum

Professor für Musikphysiologie und Musikermedizin
an der Hochschule für Musik und Darstellende Kunst Frankfurt am Main
Professor für Unfallchirurgie (apl.) an der Johannes-Gutenberg-Universität Mainz
Chefarzt für Unfall-, Hand- und Wiederherstellungschirurgie am Klinikum Worms,
Akademisches Lehrkrankenhaus der Johannes-Gutenberg-Universität Mainz

Seite

Seite

Einführung

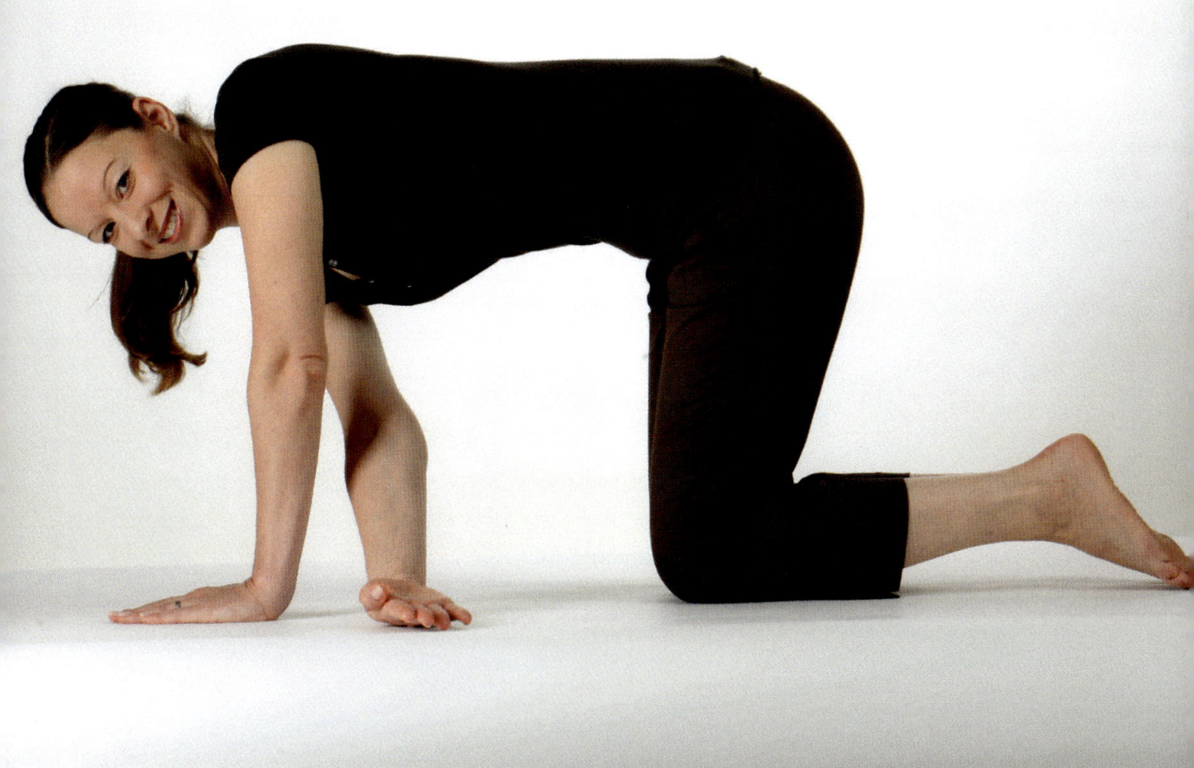

ZM 00030

Einführung

Bei der Ausbildung zum Musiker liegt der Schwerpunkt hauptsächlich auf der Arbeit mit dem Instrument. Dabei vergisst man häufig, dass das Spielen eines Musikinstruments bestimmter körperlicher Voraussetzungen bedarf. Wir nehmen es als selbstverständlich hin, dass sich der Körper dem Instrument anpasst, dass man es halten kann und in der Lage ist, stundenlang zu spielen. Erst wenn Beschwerden in Form von Verspannungen, Überlastung oder Schmerzen auftreten, spüren wir, welche hohe Leistung wir dem Bewegungsapparat abverlangen.

Die vollständige Persönlichkeit eines Musikers setzt sich aus vielen Facetten zusammen. Die Fähigkeiten auf dem Instrument sowohl technischer als auch interpretatorischer Natur haben dabei den größten Anteil. Weiterhin schlägt sich das gesamte musikalische Hintergrundwissen von der Analyse über die Gehörbildung bis zur Musikgeschichte auf die Darstellung nieder. Aber auch von der Musik entfernt erscheinende Aspekte wie mentale Stärke, Durchsetzungskraft und körperliche Gesundheit haben großen Einfluss auf die Karriere eines Musikers. Um aus jedem Musiker das maximale Potenzial herauszuholen, sollten daher alle Bereiche optimal gefördert werden.

Musiker in Bewegung versteht sich als ein Baustein in diesem großen Mosaik der Ausbildung zur Musikerpersönlichkeit: Der Baustein, der für das körperliche Wohlbefinden am Instrument verantwortlich ist.

In Zeiten von harter Konkurrenz bei Probespielen und Wettbewerben können wir es uns kaum leisten, bestimmte Bereiche dem Zufall zu überlassen. Was nützt uns die gesamte Vorbereitung auf einen Wettbewerb, wenn wir nach den ersten Runden körperlich so ausgelaugt sind, dass wir in der nächsten Runde nicht mehr in der Lage sind, unser volles Können zu zeigen? Als Musiker sind wir auch auf physische Kraft, Koordination und Ausdauer angewiesen.

Das vorliegende Buch soll Musikern helfen, sich gezielter auf die Anforderungen, die das Musizieren an den Körper stellt, vorzubereiten. Es will dazu motivieren, alle Ressourcen und Möglichkeiten auszuschöpfen, körperlich gesund zu bleiben oder zu werden und so eine optimale musikalische Leistung darbieten zu können.

Zielgruppe

Musiker in Bewegung richtet sich an aktive Instrumentalisten unabhängig von ihrem Spielniveau. Amateure und Berufsmusiker profitieren je nach persönlicher Zielsetzung in gleicher Weise von den Übungen.

Das vorliegende Buch kann Ihnen helfen, wenn Sie

- Ihre Ausdauer und Leistung am Instrument verbessern wollen
- späteren Problemen vorbeugen möchten
- beim Musizieren unter Beschwerden leiden
- einen Ausgleich zur einseitigen Haltung suchen

Hauptziele: Prävention, Schmerzfreiheit, höhere musikalische Leistung

Aufbau des Buches

Praxis

Der Schwerpunkt von **Musiker in Bewegung** liegt im praktischen Teil. Die Übungen sind in meiner Arbeit mit den Problemen und Wünschen von Musikern aller Instrumente entwickelt worden.

In Kapitel 4 sind die Übungen nach Abschnitten des Körpers geordnet und es werden Trainingspläne von unterschiedlicher Dauer und Zielsetzung erstellt. Die Übungen sind so konzipiert, dass sie fast an jedem Ort, in normaler Kleidung und ohne aufwändige Geräte durchgeführt werden können.

Die Aufteilung anhand von Abschnitten des menschlichen Körpers erscheint in einem Buch für Musiker erst einmal ungewöhnlich, ist aber sinnvoll, weil sich bestimmte Belastungen ähneln, obwohl es sich um unterschiedliche Instrumente handelt. Zum Beispiel müssen sowohl Geiger als auch Flötisten eine erhöhte Arbeit im Schulterbereich leisten. Beide finden dann die entsprechenden Übungen im Kapitel „Schulter und Arm".

In Kapitel 5 wird die Verbindung von den Übungen zum Instrument geschaffen. Hier werden spezifische musikbezogene Fragen gestellt und Möglichkeiten aufgezeigt, den vorhandenen Problemen mit Hilfe von Übungen zu begegnen. Ziel ist die Steigerung der musikalischen Leistung und die Lösung von nicht exakt definierbaren Problemen, mit denen Musiker immer wieder konfrontiert werden, z. B. „freies Spiel" oder „locker sein".

Kapitel 6 bietet Präventionsansätze und zeigt die Beanspruchungen, denen der Körper durch den Umgang mit unterschiedlichen Instrumenten ausgesetzt ist. Diese Thematik ist auch für Lehrer interessant, die ihren Schülern von Anfang an ein gesundes Musizieren vermitteln wollen.

Theorie

Die Kapitel 2 und 3 behandeln allgemeine theoretische Grundlagen wie Haltung und Belastungen sowie die korrekte Durchführung der Übungen.

Musiker in Bewegung ist ein Übungsbuch und kein medizinisches Fachbuch. Daher wurden Statistiken, Krankheitsbilder, Behandlungsmöglichkeiten und anatomische Zeichnungen bewusst ausgeklammert.

Zu Risiken und Nebenwirkungen fragen Sie bitte …

Warnhinweise

Bei bestehenden körperlichen Problemen oder krankheitsbedingten Einschränkungen sollten Sie vor Beginn des Übungsprogramms ärztlichen Rat einholen. Die Übungen sind auf den Bewegungsapparat bzw. Muskulatur, Sehnen und Gelenke abgestimmt. Krankheitsbilder mit neurologischer Beteiligung können damit nicht oder nur eingeschränkt verbessert werden.

Bei exakter Beachtung der Anweisungen ist das gesamte Trainingsprogramm gelenkschonend. Folgen Sie deshalb bitte den Trainingshinweisen und Übungsausführungen genau, um Ausweichbewegungen und damit verbundene Verletzungen zu vermeiden.

Für eventuell entstandene körperliche Beschwerden oder Schäden sind weder die Autorin noch der Verlag verantwortlich. Das Buch und die darin enthaltenen Übungen ersetzen nicht den Besuch beim Arzt oder Therapeuten.

Anmerkung

Auf Grund der leichteren Lesbarkeit stehen sämtliche maskulinen Personenbezeichnungen für männliche und weibliche Formen.

Ursachen

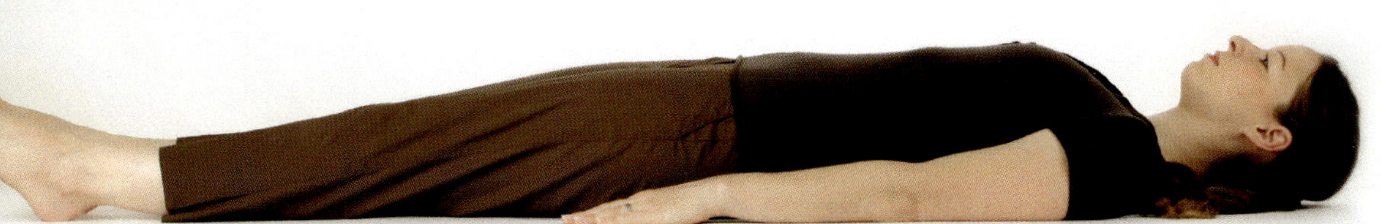

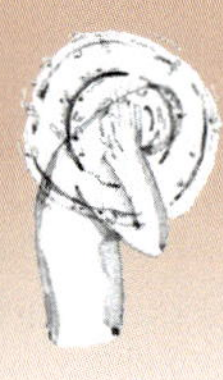

Ursachen und Gewohnheiten

Leiden Musiker unter Problemen des Bewegungsapparates, schreibt man die alleinige Ursache meistens einer einseitigen Haltung am Instrument zu. Dies geht mitunter soweit, dass suggeriert wird, es sei schon an sich ungesund und belastend für den Körper, ein Instrument zu spielen. Ein häufiger Ratschlag lautet daher, einfach weniger zu üben. Diese „Lösung" ist für einen Musiker selbstverständlich inakzeptabel. Die Vorstellung von der Schädlichkeit des Musikmachens an sich trifft nicht zu. Ist unser Körper in allen Bereichen ausreichend trainiert und gebrauchen wir ihn richtig, kann er viel leisten.

Der Trainingszustand hängt von den fünf motorischen Grundeigenschaften Kraft, Beweglichkeit, Schnelligkeit, Ausdauer und Koordination ab. Bewegungen funktionieren nur dann optimal, wenn sich die Muskeln untereinander im Gleichgewicht befinden und die Gelenke zentriert sind. Dazu sind eine gewisse Grundfitness und eine koordiniert ablaufende Motorik notwendig. Sobald z. B. ein Kraftdefizit der Rückenmuskulatur vorliegt, können uns die Muskeln der Körpervorderseite stärker in die Beugung ziehen. Die Symmetrie des Körpers wird dabei aufgehoben und es kommt zur Verkürzung bzw. Abschwächung auf der jeweiligen Seite. Langfristig entsteht eine so genannte muskuläre Dysbalance. Die Folgen für den Bewegungsapparat unterscheiden sich nach Ausprägungsgrad und können von Verspannungen bis zu Gelenkschäden reichen.

Die Verhaltensweisen des modernen Menschen mit hauptsächlich sitzenden Tätigkeiten, nach vorne hängenden Schultern, allgemeinem Bewegungsmangel und Koordinationsdefiziten begünstigen muskuläre Dysbalancen und Gelenkdezentrierungen. Leider gewöhnen wir uns über die Jahre an diesen Zustand und empfinden ihn als normal.

Den Anforderungen, denen der Körper beim Musizieren ausgesetzt ist, sind wir damit allerdings nicht ausreichend gewachsen. Übt man in dieser unzureichenden körperlichen Verfassung, wird das Musizieren dann tatsächlich zur Belastung für den Körper.

Um sinnvoll trainieren und üben zu können, ist es notwendig, die Ursache von Beschwerden und die Herkunft einer Dysbalance oder Dezentrierung zu finden. Nur wenn diese behoben werden, kann sich im Laufe der Zeit der negativ besetzte Begriff „Belastung" zum positiven Wort „Anforderung" wandeln – eine Anforderung, die durchaus bewältigt werden kann.

Man unterscheidet eine erhöhte Belastung des Bewegungsapparates

- aufgrund allgemeiner Haltungsinsuffizienz
- aufgrund spezifischer Anforderungen am Instrument

Wenn – wie bei den meisten Menschen – Defizite in beiden Bereichen vorhanden sind, muss auch für beides ein Ausgleich geschaffen werden. Es reicht nicht aus, nur Übungen für die instrumentenspezifische Belastung durchzuführen, wenn grundlegende Statikprobleme vorherrschen. Gleiches gilt auch für den umgekehrten Fall.

Häufigste Haltungsgewohnheiten

Stellen Sie sich in Ihrer gewohnten Haltung vor einen großen Spiegel, ohne sich im Voraus zu korrigieren. Sie können auch eine vertraute Person bitten, eine Einschätzung Ihrer Haltung vorzunehmen.

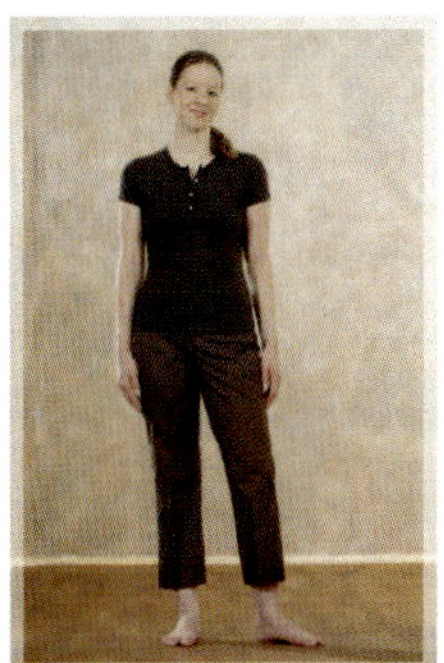
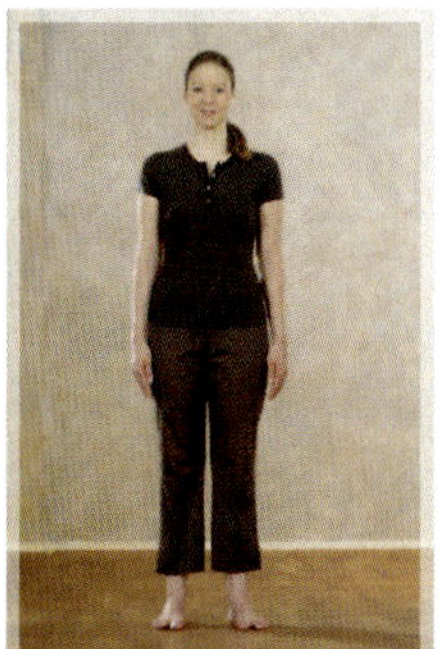
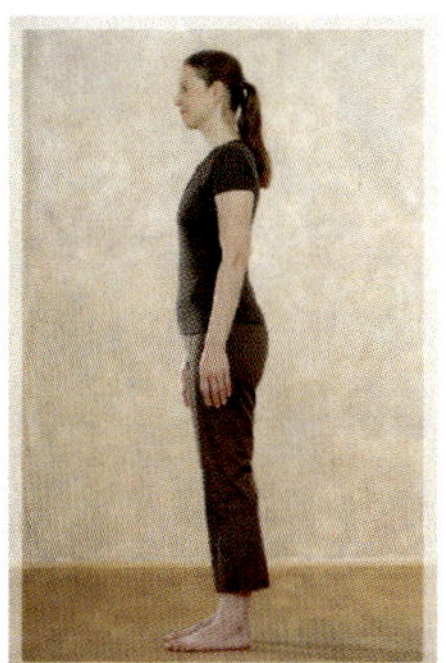

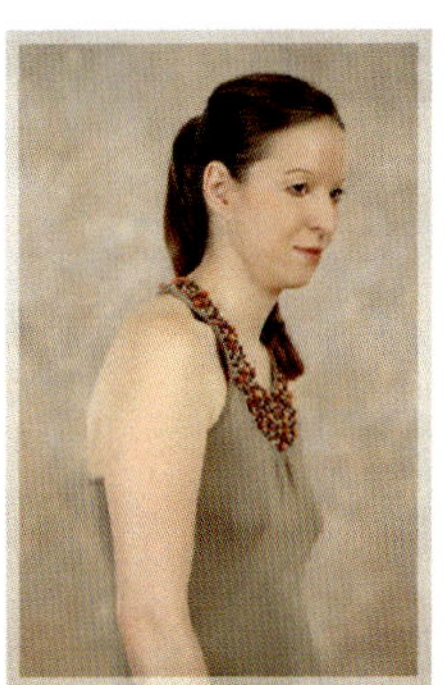
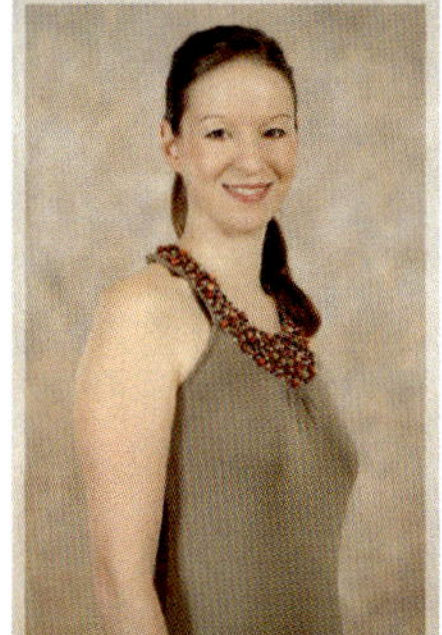
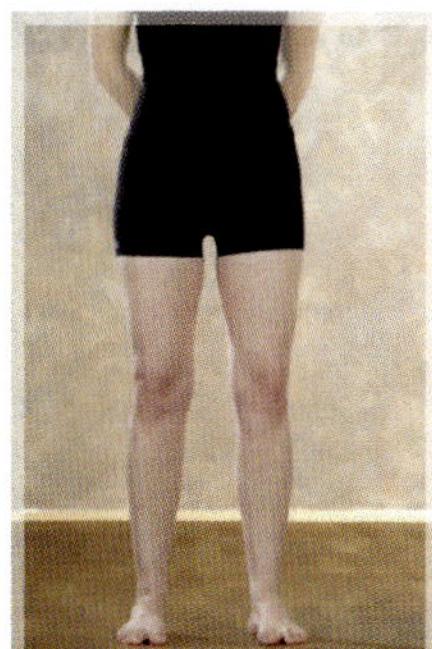

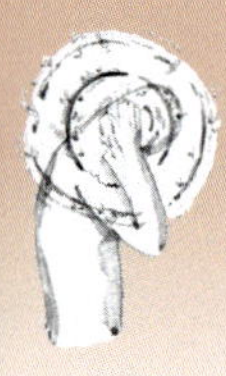

Einige der folgenden Punkte werden Sie wahrscheinlich bei sich entdecken:

- Hohlkreuz
- Rundrücken
- Unterschiedlich hohe oder nach vorne fallende Schultern
- Kopf zu einer Seite geneigt und/oder gedreht
- Vorgeschobenes Kinn
- Stand- und Spielbein
- Durchgedrückte Knie
- Abgesunkene Fußgewölbe
- Nach hinten zeigende Handflächen

Korrektur

Eine häufige Reaktion auf das Entdecken der eigenen Fehlhaltung ist die plötzliche Korrektur aller dieser vermeintlichen Fehler. Haltungs- und Bewegungsmuster, an die sich der Körper jahrelang gewöhnt hat, lassen sich jedoch nicht in kurzer Zeit durch reine Willensanstrengung umstellen. Dies führt lediglich zu neuen Verspannungen und zu eckigen, unkoordinierten Bewegungen. Entscheiden Sie sich stattdessen lieber nur für einen bestimmten Bereich, den Sie als erstes verbessern wollen.

Machen Sie regelmäßig die passenden Übungen aus dem Praxisteil und achten Sie im Alltag darauf, Ihr altes Bewegungsmuster an dieser Stelle zu vermeiden. Hierbei spielen Ihre Körperwahrnehmung und Selbstbeobachtung eine wichtige Rolle, denn Sie haben nicht immer einen Spiegel zur Kontrolle. Wenn Sie bei unterschiedlichen Alltagstätigkeiten spüren, wie sich z. B. Ihr unterer Rücken verhält, wann sich zuviel Spannung aufbaut, wann Sie ins Hohlkreuz fallen und wann nicht, bekommen Sie mit der Zeit ein differenzierteres Bild Ihres Körpers. So können Sie nach und nach Ihre eingefahrenen Muster und Gewohnheiten auflösen.

Ungünstige Gewohnheiten aufspüren und unterlassen

Anforderungen beim Musizieren

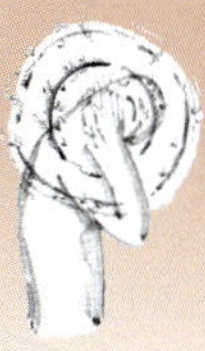

Zu den bereits erwähnten allgemeinen, vom Instrument unabhängigen Haltungsgewohnheiten und den daraus folgenden Belastungen, addieren sich die instrumentenspezifischen Anforderungen. Diese setzen sich aus physischen und psychischen Faktoren zusammen:

Physische Faktoren

- Einseitige, oft asymmetrische Haltung
- Hoher Aufwand beim Halten des Instrumentes
- Komplizierte feinmotorische Bewegungen
- Sich häufig wiederholende Bewegungen
- Lange Dauer des Übens / Probens
- Evtl. ergonomisch ungünstige Umgebung

Psychische Faktoren

- Ignorieren von Körpersignalen (z. B. weiterüben trotz Müdigkeit)
- Zu wenig Pausen während des Übens
- Hohe Akzeptanz von Schmerz oder Unwohlsein
- Erhöhte Spannung durch Angst
- Termin- und Konkurrenzdruck
- Streben nach Perfektion

Jeder einzelne dieser Faktoren kann (muss aber nicht) dazu führen, dass Probleme beim Spielen auftreten. In den häufigsten Fällen handelt es sich jedoch um eine Kombination aus einigen der genannten Ursachen, von denen je nach Persönlichkeitsstruktur manche mehr in den Vordergrund treten.

Belastungen minimieren

Einige Faktoren kann man nicht oder nur schwer beeinflussen, da sie von außen vorgegeben sind. Dazu gehören die oft einseitige Grundhaltung des Instruments, die damit verbundene muskuläre Haltearbeit und die hohe feinmotorische Anforderung. Außerdem kann auch nicht jeder einzelne Musiker Einfluss auf den Dienstplan eines Orchesters, die Probendauer und die Stückauswahl nehmen. Beeinflussbare Faktoren sind jedoch z. B. die Art und Weise des Übens, körperlicher Ausgleich oder der Umgang mit Angst und Lampenfieber.

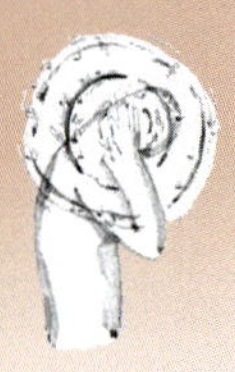

Ähnlich wie bei Ihrer Grundkörperhaltung sollten Sie auch beim Üben möglichst günstige Bedingungen schaffen. Analysieren Sie Ihren Übeplan, um einen Überblick zu bekommen, wo Sie persönlich Einfluss nehmen können und wo nicht. Die Belastungen, die dann übrig bleiben, werden so auf ein Mindestmaß reduziert.

Allgemeine Überichtlinien

- Vor dem Üben / Spielen aufwärmen.
- Ergonomisch günstige Umgebung schaffen. (Stuhl, Notenständer, Kinnhalter, Stütze usw.).
- Kalte Überäume vermeiden.
- Aus einer physiologisch günstigen Grundposition heraus üben.
- Bewegen, nicht in einer Haltung verharren.
- Alle 30 Minuten eine kurze Pause von 5 – 10 Minuten einlegen.
- In den Pausen Instrument ablegen, bewegen, dehnen.
- Nicht an einem Problem zu lange „festbeißen".
- Bei sich wiederholenden Bewegungen (Triller, Technikübungen) alle 5 Minuten für 1 Minute pausieren.
- Übezeit variabel gestalten.
- Stücke breit gefächert auswählen.
- Technisch anspruchsvollstes Stück in die Mitte der Übezeit legen.
- Mentales Üben erlernen.
- Kontinuierlich üben (Problem Semester- / Saisonstart nach den Ferien).
- Übezeit nicht plötzlich erhöhen (vor Prüfungen / Konzerten).
- Nach dem Üben / Spielen abwärmen und dehnen.
- Lernen, ein gesundes Müdigkeitsgefühl der Muskulatur wahrzunehmen und nicht darüber hinwegspielen.
- Niemals mit Schmerzen spielen.

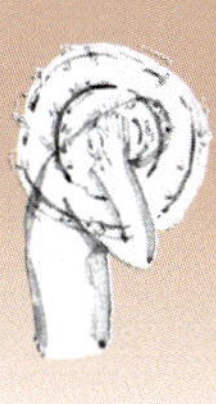

Ausgleichsprogramm

Ein sinnvolles Ausgleichsprogramm besteht aus mehreren Komponenten:

- Übungen zur Verbesserung der Grundhaltung
- Übungen für die spezielle instrumentale Anforderung
- Aufspüren und Auflösen von alltäglichen Haltungsgewohnheiten
- Korrektur von Übegewohnheiten

Aktive Übungen können nur dann greifen, wenn eingefahrene Gewohnheiten verändert werden. Wer zwar regelmäßig seine Ausgleichsübungen macht, jedoch danach einige Stunden in den alten Bewegungsmustern übt und in Belastungshaltung sitzt, wird auf Dauer keinen großen Erfolg verspüren. Die Integration der neu erlernten Bewegungen in den Alltag ist daher enorm wichtig. Dies ist zwar mitunter ein langwieriger, aber auch extrem spannender Prozess. Ihre ungünstigen Bewegungen haben Sie im Laufe mehrerer Jahre erworben – geben Sie sich daher auch genügend Zeit, die qualitativ gut koordinierte Bewegung wieder zu erlernen.

Integration in den Alltag

Die Komponenten des Ausgleichsprogramms stellen die Bausteine für Ihren individuellen Ausgleichsplan dar. Je nach Situation und persönlicher Veranlagung sollten Sie unterschiedliche Schwerpunkte setzen. Wenn Sie eher Schwierigkeiten haben, Gewohnheiten überhaupt wahrzunehmen, jedoch ausreichend Kraft besitzen, müssen Sie mehr Zeit mit der Sensibilisierung Ihrer Wahrnehmung verbringen. Jemand anderes, der unter einem Kraftdefizit leidet, gestaltet seinen Trainingsplan so, dass der Kraftaufbau im Vordergrund steht.

Individuelles Training

Im Lauf der Zeit werden sich die Schwerpunkte durch das Training verlagern. Passen Sie Ihren Ausgleichsplan daher der aktuellen Situation an und langweilen Sie sich und Ihren Körper nicht mit immer gleichen Übungen.

Training

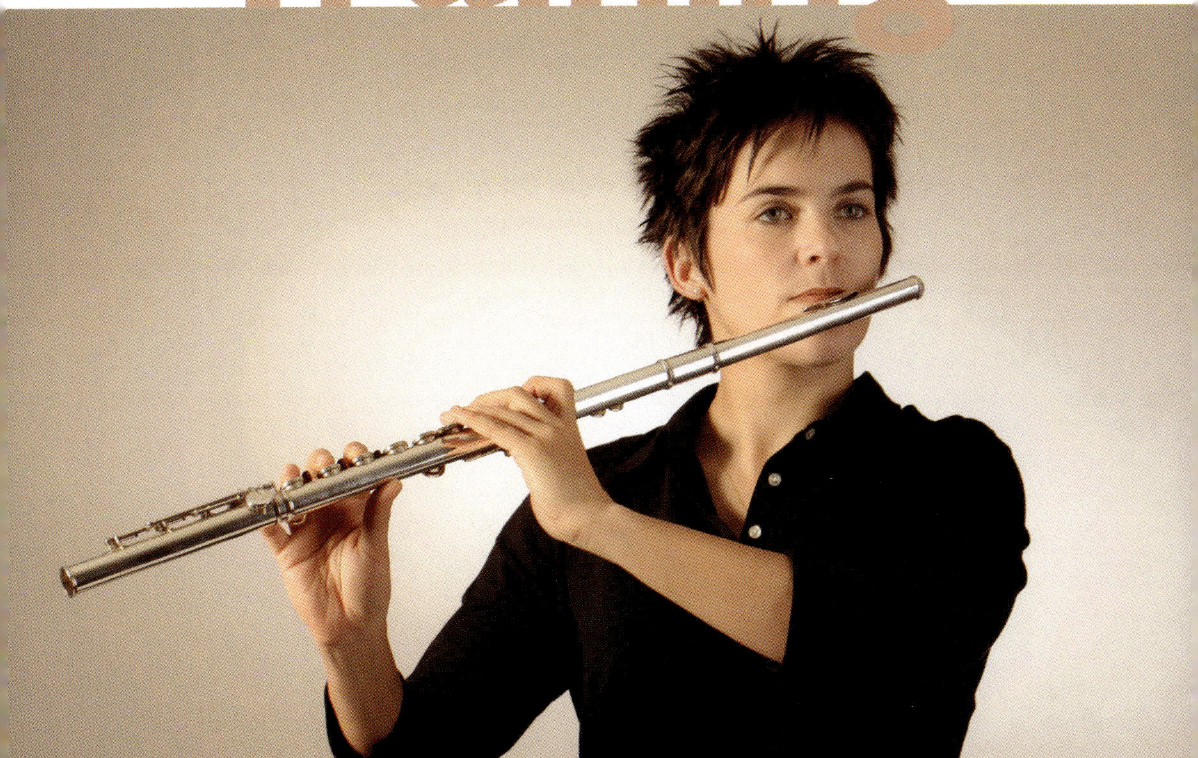

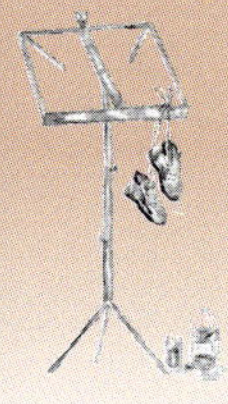

Erstellen eines Trainingsplans

Die hier vorgestellten Übungen unterteilen sich in vier Gruppen und sind farbig als Mobilisation, Kräftigung, Dehnung und Koordination gekennzeichnet.

Sie können die Übungen in drei verschiedenen Versionen durchführen:

- während des Übens aber ohne Instrument
- mit dem Instrument
- unabhängig vom Üben und vom Instrument

Dehnungs-, Koordinations- und Mobilisationsübungen sind vor allem während des Übens sinnvoll. Kräftigungsübungen bieten sich unabhängig vom Üben an.

Ein Beispiel:
Der folgende Plan ist für zwei Stunden konzipiert. Davon entfallen eineinhalb Stunden auf das reine Üben. Möchten Sie länger üben, setzen Sie das wechselnde Schema von Üben und Kurzpausen einfach fort.

- Aufwärmen ohne Instrument 5–10 Minuten
- Üben 30 Minuten
- Kurzpause (Dehnung, Mobilisation) 5 Minuten
- Üben 30 Minuten
- Kurzpause (Dehnung, Mobilisation) 5 Minuten
- Koordination mit Instrument 10 Minuten
- Üben 30 Minuten
- Abwärmen (Dehnung) 5 Minuten

Unabhängig vom instrumentalen Üben sollten Sie zusätzlich Kraft und allgemeine Ausdauer trainieren. Hier bietet sich ein täglicher Wechsel an z. B. Montag, Mittwoch und Freitag ein Krafttraining von 20–30 Minuten und an den anderen Tagen ein Ausdauertraining von 30–40 Minuten. Abhängig von Ihrem individuellen Lebensstil kann die Zeit, die Sie dafür aufwenden, auch variieren. Wer ohnehin sämtliche Dinge mit dem Fahrrad erledigt, hat meistens eine bessere Ausdauer als derjenige, der auch kurze Wege mit dem Auto fährt. Wählen Sie aus den vielen Möglichkeiten des Ausdauertrainings eine Sportart aus, die Ihnen wirklich Spaß macht.

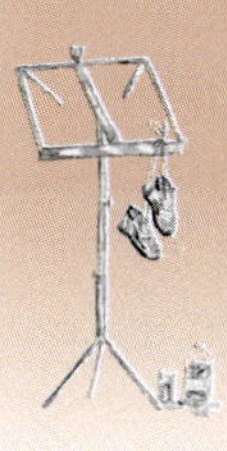

Durchführung

Mobilisation

Die Mobilisation eignet sich vor allem zum Aufwärmen am Morgen und vor dem Beginn des Spielens. Außerdem dient sie zur Auflockerung während des Übens. Alle Strukturen werden durch die Bewegung vermehrt durchblutet und gut mit Sauerstoff versorgt.

Bei der Durchführung kommt es nicht auf eine genaue Wiederholungszahl an sondern darauf, dass die Bewegung rund verläuft und dass Sie sich in flüssigem Tempo bewegen. Wiederholen Sie jede Übung ca. 1–3 Minuten ohne Pause.

Kräftigung

Kräftigungsübungen dienen der Stärkung von zu schwachen Muskelpartien und verbessern die Durchblutung des Gewebes. Der Widerstand und die Anzahl der Wiederholungen sollten immer so gewählt werden, dass die Übung zwar anstrengend ist, aber nicht schwächt. Wenn Sie am nächsten Tag spüren, dass Sie etwas getan haben, war die Belastung richtig gewählt. Können Sie jedoch wegen zu starkem Muskelkater den Arm kaum heben oder spüren Sie überhaupt keine Wirkung, müssen Sie die Anforderung nach unten oder oben hin anpassen.

Beachte: *Machen Sie keine Kräftigungsübungen während des Übens und vor allen Dingen nicht unmittelbar vor Konzerten. Nach der Kräftigung ist die Muskulatur müde und nicht mehr optimal koordiniert. Dieser Zustand ist in direktem Zusammenhang mit dem Instrument nicht sinnvoll. Am Besten eignet sich ein Zeitpunkt am Tag, der vom Üben und Konzertieren unabhängig ist.*

Zu Beginn bietet sich ein Kraftausdauertraining mit 3x 15 Wiederholungen pro Übung an. Nach und nach sollten Sie sich auf 3x 20 bzw. 3x 25 Wiederholungen steigern. Achten Sie auf eine regelmäßige und tiefe Atmung. Atmen Sie bei der Anspannung aus und bei der Entspannung ein.

Beachte: *Erhöhen Sie beim Kraftausdauertraining zuerst die Wiederholungszahl. Wenn Sie 3x 25 Wiederholungen gut bewältigen, können Sie einen stärkeren Widerstand wählen.*

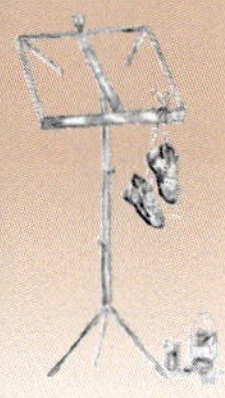

Um die Gewebestrukturen nachhaltig zu stärken, muss der Körper von Zeit zu Zeit auch stärkere Belastungsreize erfahren. Zwei bis drei mal pro Jahr sollten Sie daher für ca. vier Wochen den Widerstand deutlich erhöhen und die Wiederholungszahl senken d.h. 5x 1–5 Wiederholungen. Der hohe Widerstand bewirkt eine Verbesserung der neuronalen Ansteuerung und eine Ökonomisierung der Arbeit innerhalb der Muskulatur. Wählen Sie für diese Trainingsform konzertarme Phasen im Jahr z. B. die Ferien aus.

Beachte: *Die Muskulatur braucht Ruhe, um den Trainingsreiz zu verarbeiten. Machen Sie daher nicht täglich die gleichen Kraftübungen. Ein Tag Pause ist im Allgemeinen ausreichend. Ist die Pause länger, stellt sich kein Erfolg ein. Wenn Sie mehrere Körperabschnitte trainieren, können Sie sich zwei unterschiedliche Programme von 20–30 Minuten zusammenstellen, die Sie dann abwechselnd üben.*

Wie alle Übungen machen auch Kräftigungsübungen nur dann Sinn, wenn die zu trainierende Muskel- und Gelenkkette keine Funktionsstörung aufweist, sondern gut koordiniert arbeitet. Zeichen für eine Funktionsstörung können unter anderem Ausweichbewegungen sein. Belasten Sie einen nicht optimal koordinierten Körperabschnitt und seine Gelenke noch zusätzlich mit Gewicht oder Widerstand, kann dies langfristig zu strukturellen Schäden am Bewegungsapparat führen. Bei Unsicherheiten oder schon bekannten Strukturschädigungen sollten Sie vorher mit Ihrem Physiotherapeuten absprechen, ob am betroffenen Körperabschnitt eine Belastung durch Widerstände sinnvoll ist.

Dehnung

Dehnungen sind vor allem für die Muskelpartien wichtig, die immer in die gleiche Bewegungsrichtung arbeiten müssen und dadurch gerne verkürzen. Dies führt dann zu Fehlstatiken im Gelenk und in der gesamten Körperhaltung. Außerdem muss der Gegenspieler dieser Muskeln ständig gegen die Verkürzung arbeiten. Dehnungsübungen können auf verschiedene Arten durchgeführt werden. In diesem Buch werden alle Dehnungen statisch durchgeführt, da sich diese Methode für Selbstdehnungen sehr gut eignet. Wer in der Physiotherapie oder im Sport dynamisches Dehnen und langsames, kontrolliertes Nachlassen der verspannten Muskulatur erlernt hat, kann diese Variante auch auf die hier vorgestellten Übungen anwenden.

Beachte: *Die Dehnfähigkeit ist abhängig von der Tageszeit, der Außentemperatur und dem Ermüdungsgrad der Muskulatur. Unaufgewärmt, früh am Morgen bzw. am späten Abend nach langer Orchesterarbeit sollten Sie deshalb nicht sofort bis in die maximale Dehnposition gehen. Machen Sie vor und nach dem Üben leichte Dehnungen. In den Kurzpausen während der Übezeit können Sie jedoch ruhig bis in die Endposition gehen.*

Wichtig ist, dass Sie eine sichere und stabile Ausgangsstellung einnehmen, damit Sie die Bewegung gut kontrollieren können. Dann gehen Sie langsam in die Dehnstellung bis an die erste „Barriere", an der Sie einen leichten Widerstand und Dehnschmerz spüren können. Atmen Sie regelmäßig weiter und halten Sie diese Position 8–10 Atemzüge lang. Dehnen Sie aus dieser Position noch ein kleines bisschen weiter und halten Sie die neue Position wiederum während 8–10 Atemzügen. Danach lösen Sie die Dehnstellung langsam mit einer Ausatmung auf.

Beachte: *Halten Sie die Dehnposition immer statisch und federn Sie nicht nach. Das Wippen bewirkt das Gegenteil, nämlich eine erneute reflektorische Verkürzung des Muskels.*

Wiederholen Sie jede Dehnung 2–3x pro Seite und wenn möglich 3–4x pro Tag.

Beachte: *Haben Sie Geduld! Statische Dehnungen müssen regelmäßig, zwei- bis dreimal täglich und über einige Wochen und Monate durchgeführt werden. Außerdem ist der Niveauverlust schon bei einer kurzen Pause relativ hoch. Behalten Sie daher die Kontinuität bei.*

Koordination

Als Musiker sind wir es gewohnt, die spezielle Koordination auf dem Instrument zu üben, beschäftigen uns aber weniger mit der allgemeinen Koordination. Diese ist jedoch genauso für das motorische Lernen verantwortlich. Durch eine Verbesserung der allgemeinen Ganzkörperkoordination können Sie Ihre Technik auf dem Instrument noch steigern.

Koordinationsübungen haben oft spielerischen Charakter, sind aber auf Grund ihrer Anforderung recht anstrengend. Führen Sie die Übungen daher nicht im ermüdeten Zustand durch und machen Sie nach ca. fünf Minuten eine Pause oder eine andere Übung.

Für die Koordination mit dem Instrument eignet sich am Besten die Mitte der Übezeit. Unabhängig vom Instrument können Sie Koordinationsübungen nach Belieben in den Tagesablauf integrieren. Das Spektrum reicht hier vom Balancieren auf Bordsteinen, Rückwärtsgehen mit geschlossenen Augen bis hin zum Jonglieren oder Einradfahren.

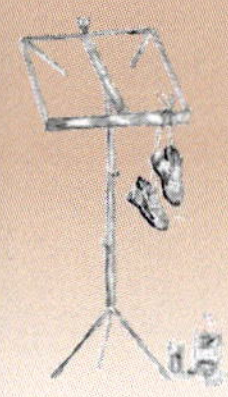

Kontrolle

Um Verletzungen vorzubeugen und die Wirkung der Übungen zu erzielen, ist es wichtig, Ausweichbewegungen zu vermeiden. Auf spezielle Fehlerquellen wird in der jeweiligen Übung hingewiesen. Darüber hinaus gibt es jedoch auch allgemeine Tendenzen zu bestimmten Ausweichbewegungen.

Gehen Sie während des Trainings in Gedanken die folgenden Punkte durch:

- Stehe/sitze ich mit genügend Körperspannung?
- Ist mein Rücken natürlich aufgerichtet (weder übertriebenes Hohlkreuz noch Rundrücken)?
- Sind die Bauch- und Rückenmuskeln aktiv?
- Ist der Kopf in Verlängerung der Wirbelsäule ausgerichtet?
- Sind die Schulterblätter hinten-unten positioniert?
- Ist das Gewicht gleichmäßig auf beiden Füßen verteilt?
- Sind die Knie bei stabilem Stand noch flexibel?
- Verläuft die Atmung tief und regelmäßig?
- Ist die Bewegung flüssig, aber dennoch präzise?
- Kommt die Bewegung an der Stelle des Körpers an, für die die Übung bestimmt ist?

Alle Übungen können Sie grundsätzlich alleine durchführen. Jedoch sollten Sie sich der Tatsache bewusst sein, dass ein Buch niemals einen Lehrer ersetzen kann. Gerade bei Thematiken, die Körperarbeit und -bewusstsein zum Inhalt haben, ist ein geschriebener Text immer nur eine Anleitung oder Ergänzung zum persönlichen Unterricht. Vieles wird erst durch die Korrektur eines Lehrers oder Therapeuten deutlich, besonders in Körperbereichen, die sich unserer Sicht entziehen wie z. B. dem Rücken. Investieren Sie lieber ein oder zwei Einzelstunden, um die Übungen mit einem Physiotherapeuten korrekt zu erlernen. Dann können Sie zu Hause alleine weitertrainieren und sind sich sicher, dass die Übungen auch in der Körperregion greifen, für die sie konzipiert sind. Auch die Übungen mit dem Instrument in Kapitel 5 fallen mit der Hilfe einer zweiten Person deutlich leichter. In diesem Fall kann das der Instrumentallehrer oder ein Musikerkollege sein, der in der Lage ist, die klanglichen Unterschiede zu hören.

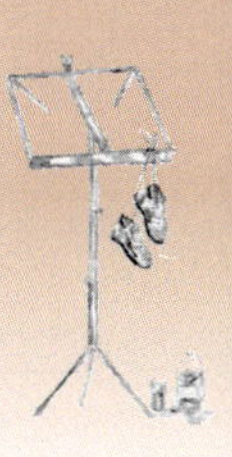

Motivation

Jeder Musiker kennt Phasen, in denen es schwer fällt, sich zum Üben zu motivieren. Ähnlich wird es Ihnen auch zeitweise mit dem Trainings- und Ausgleichsprogramm ergehen. Damit der „Durchhänger" nicht zu stark ausfällt, gibt Ihnen **Musiker in Bewegung** eine breite Auswahl an Übungen und die Möglichkeit, Ihr eigenes Programm zu entwickeln. So können Sie das Training nicht nur individuell auf Ihre Problematik abstimmen, sondern auch nach Ihrer jeweiligen Stimmung konzipieren. Ob Sie dann einmal eine Zeitlang eher ruhigere Übungen machen und sich erst ein paar Wochen später wieder richtig fordern wollen, liegt ganz bei Ihnen.

Selbst wenn die Motivation einmal ganz schwach sein sollte, behalten Sie eine gewisse Regelmäßigkeit bei! Nach einer längeren Pause wieder von vorne anzufangen ist mühselig. Beugen Sie dem lieber vor, indem Sie die Übungen in der Zwischenzeit spielerisch oder entspannend gestalten, aber bleiben Sie trotzdem am Ball.

Übungen

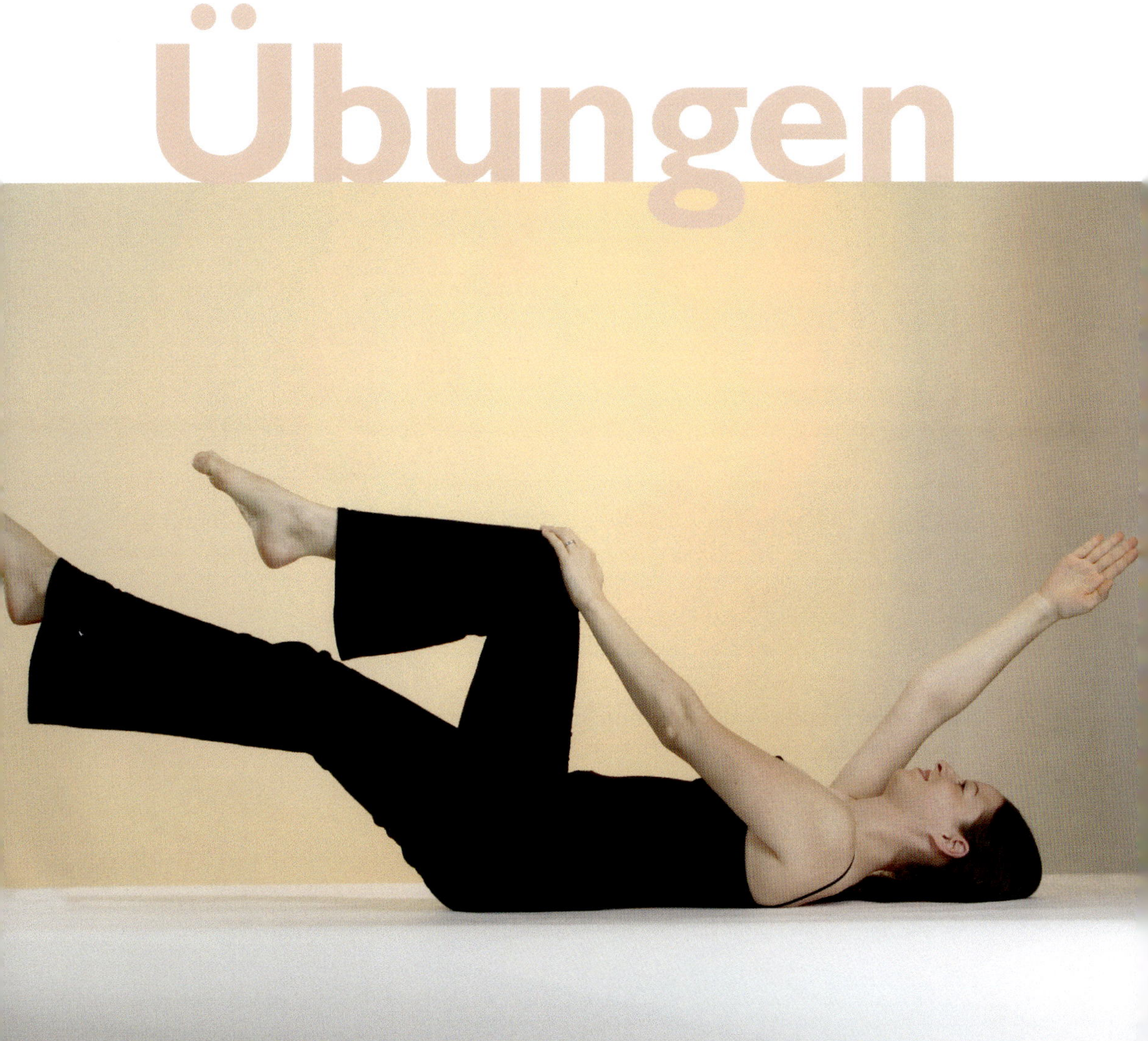

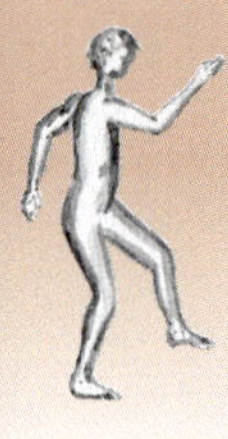

Aufwärmen

Bevor Sie mit den Übungen beginnen, ist es sinnvoll, den Körper auf die kommende Belastung vorzubereiten.

Beim Aufwärmen wird die Gelenkflüssigkeit besser verteilt und die Muskulatur vermehrt durchblutet. Beides sorgt dafür, dass das Verletzungsrisiko sinkt und die muskuläre Ansprache ansteigt. Dies ermöglicht flüssigere Bewegungen und eine präzisere Koordination.

Weiterhin bereitet sich der Organismus durch das Aufwärmen auch mental besser auf die kommende Tätigkeit vor. Die Verbindung zwischen Gehirn und Muskeln wird sozusagen „geweckt" und unsere Gedanken werden schneller in Bewegungen umgesetzt.

Bewegen Sie sich flüssig, forcieren Sie Ihren Körper nicht in eine bestimmte Position und atmen Sie regelmäßig.

Wärmen Sie sich 5 – 10 Minuten vor dem Spielen ohne Ihr Instrument auf

Geeignete Übungen zum Aufwärmen sind

- alle in diesem Buch beschriebenen Mobilisationsübungen
- leichte Dehnungen
- die folgenden Übungen

Lockerndes Kreisen
Mit den Fuß- und Handgelenken sowie den Schultern 8x in jede Richtung kreisen.

Streckung
So weit wie möglich Richtung Decke strecken. Versuchen Sie, abwechselnd 5x mit der rechten und 5x mit der linken Hand die Decke zu erreichen.

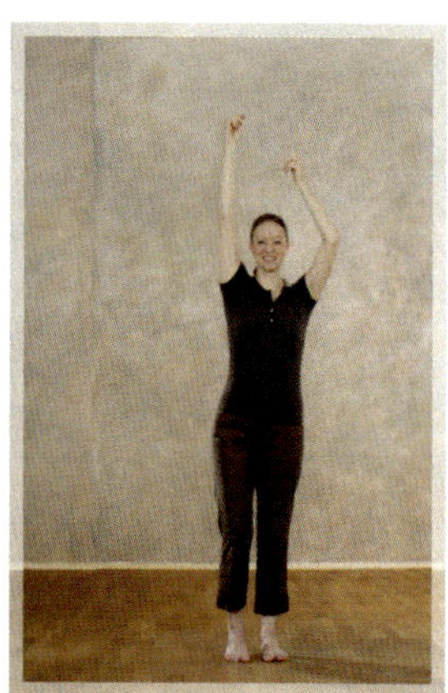

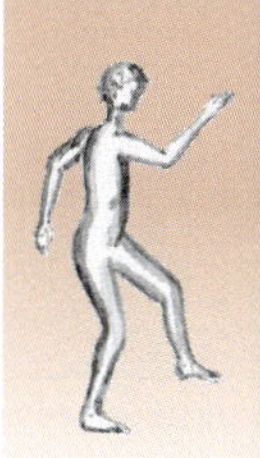

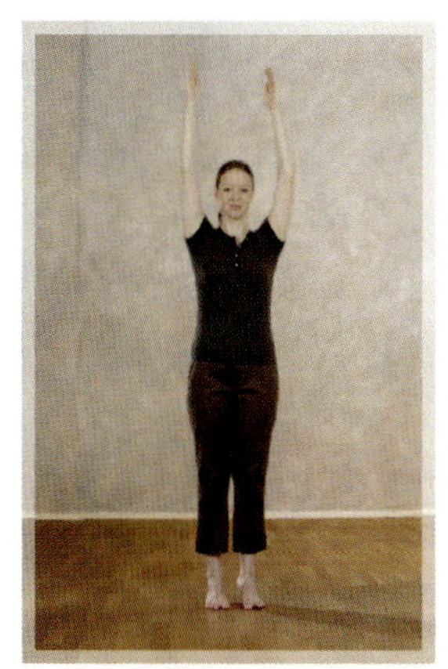

Streckung mit Atmung

Beide Arme über den Kopf heben, dabei auf die Zehenspitzen stellen, den Oberkörper nach rechts drehen und tief einatmen. Zurückdrehen, Arme wieder senken und lange dabei ausatmen. 3x zu jeder Seite wiederholen.

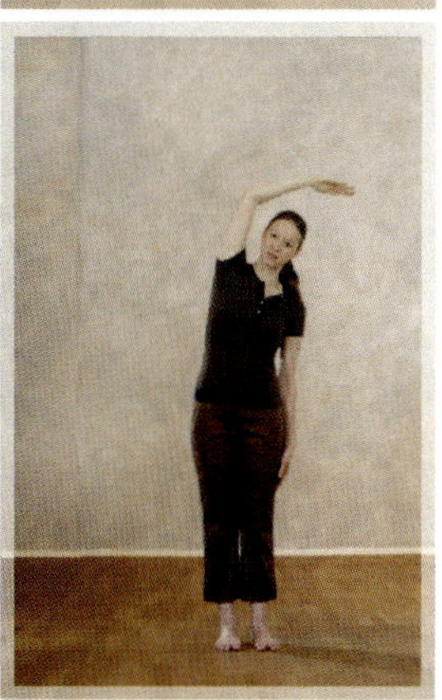

Seitneigung mit Atmung

Einatmen, den rechten Arm seitlich über den Kopf strecken, ausatmen und dabei zur linken Seite neigen. Wieder einatmen und aufrichten, ausatmen und den Arm senken. 3x wiederholen, dann die Seite wechseln.

Beugung mit Atmung

Einatmen, Arme über den Kopf heben, auf die Zehenspitzen gehen. Beim Ausatmen nach vorne beugen, Arme hängen lassen und wieder einatmen. Dann Wirbel für Wirbel von der Lendenwirbelsäule aus langsam aufrichten und dabei ausatmen. Beim nächsten Einatmen die Arme wieder über dem Kopf strecken und den Übungszyklus von vorne beginnen. 3x wiederholen.

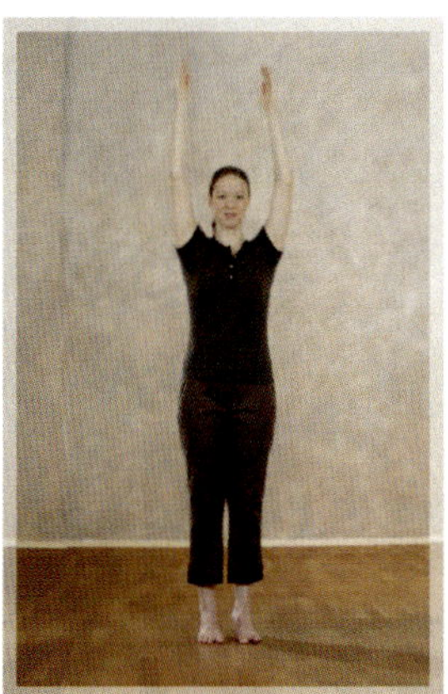

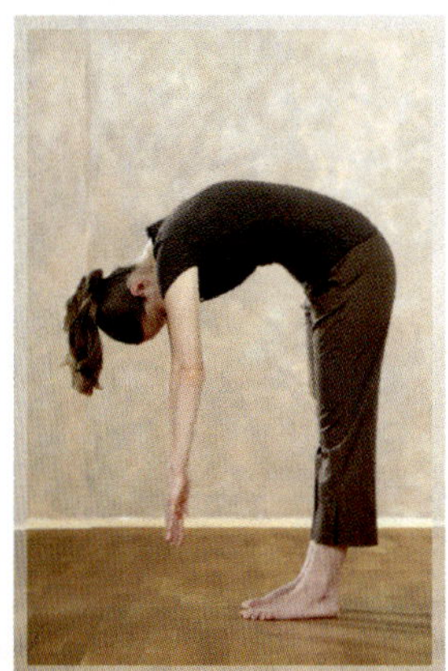

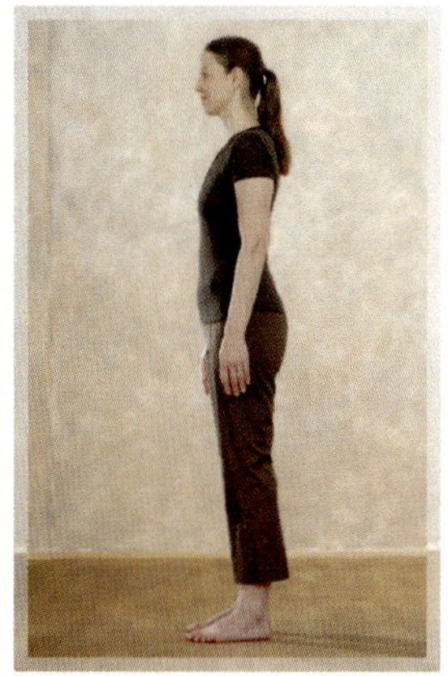

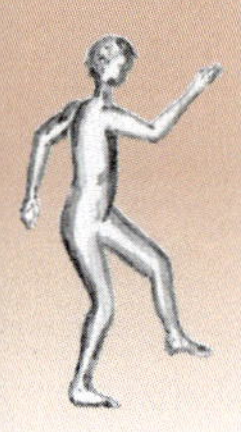

Abwärmen

Das Abwärmen nach einer Belastung dient zur Regeneration aller Strukturen. Die Muskulatur wird gelockert und gut durchblutet, weiterhin beruhigen sich die Gedanken und man findet einen besseren mentalen Übergang vom konzentrierten Üben zurück in den Alltag.

Das Abwärmen ist gleich die Vorbereitung auf die nächste Belastung

Zum Abwärmen eignen sich Übungen mit niedriger Belastung, lockere Ganzkörperübungen und leichte Dehnungen. Eine ruhige und entspannte Atmung sorgt für eine ausreichende Sauerstoffversorgung.

Abwärmen am Instrument

Spielen Sie am Ende des Übens eine Melodie oder ein Lied, das keine besonderen Schwierigkeiten aufweist. Bleiben Sie im ***mf*** und bewegen Sie Ihre Finger und Arme mit so wenig Kraftaufwand wie möglich.

Brunnen

Hüftbreit stehen. Arme und Hände über den Kopf strecken und aus der Taille nach hinten beugen. 10 Sekunden in dieser Position verharren, dann weiter aus der Taille einen Kreis nach links, vorne und rechts beschreiben. 10 Sekunden in jeder Position bleiben und gleichmäßig weiteratmen. In jede Richtung 2x wiederholen.

Beachte: Bei Beschwerden im unteren Rücken sollten Sie diese Übung vermeiden.

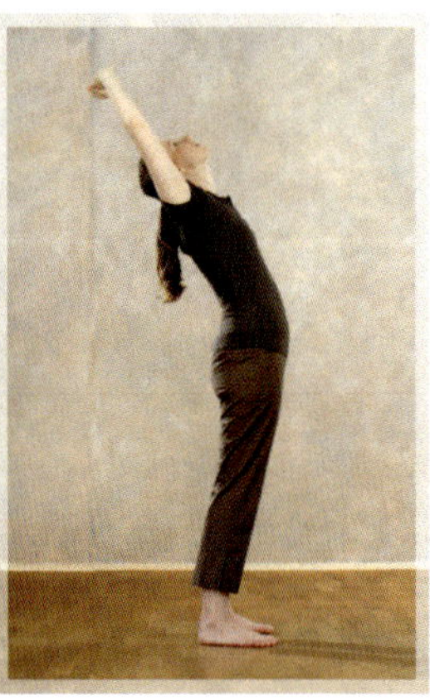

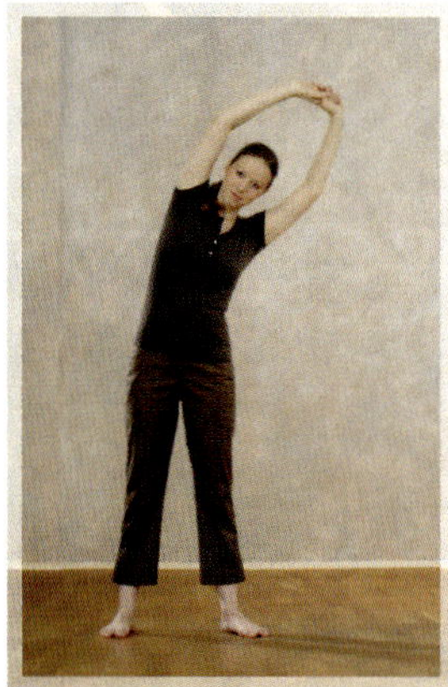

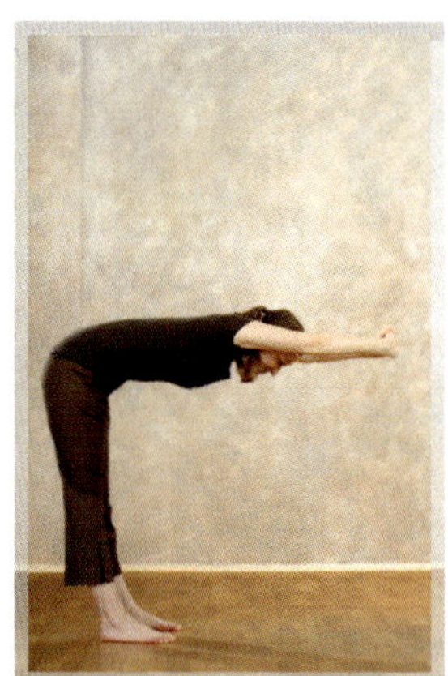

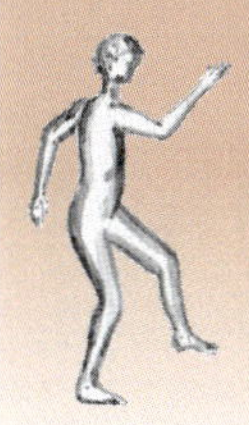

Dehnungen

Zum Abwärmen eignen sich sämtliche Dehnungsübungen. Suchen Sie sich aus dem Praxisteil diejenigen aus, die für Sie in Frage kommen. Achten Sie darauf, dass Sie beim Abwärmen nicht unbedingt in die volle Dehnposition gehen, da die Muskulatur jetzt schon ermüdet ist.

Päckchen

Mit geschlossenen Beinen auf den Boden knien, auf die Fersen setzen und Arme und Kopf auf dem Boden ablegen. Bis zu zehn Minuten in dieser Position verharren und dabei vollkommen entspannen.

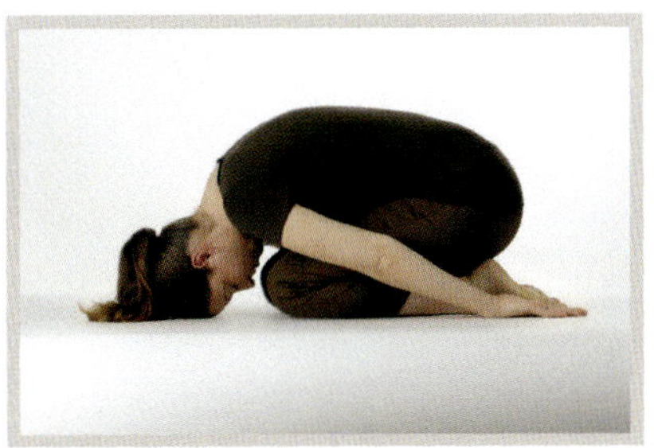

Beachte: *Bei Kniebeschwerden sollten Sie die Übezeit etwas verkürzen oder die Übung komplett vermeiden.*

Rückenlage

Auf den Rücken legen und die Beine aufstellen. Der untere Rücken liegt flach auf dem Boden auf. Nach einiger Zeit langsam die linke Ferse nach unten gleiten lassen, sodass sich das Bein streckt. Etwas später auch das rechte Bein strecken, sodass beide Beine und der gesamte Rücken lang und entspannt aufliegen. Nacheinander die Beine und Arme leicht nach innen und außen drehen, ohne die Schwere des gesamten Körpers und die Auflagefläche auf dem Boden zu verlieren. Danach einige Minuten ruhig und entspannt in dieser Position liegen bleiben.

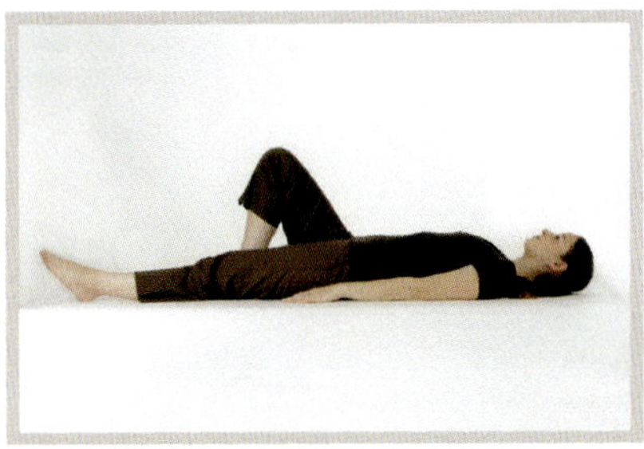

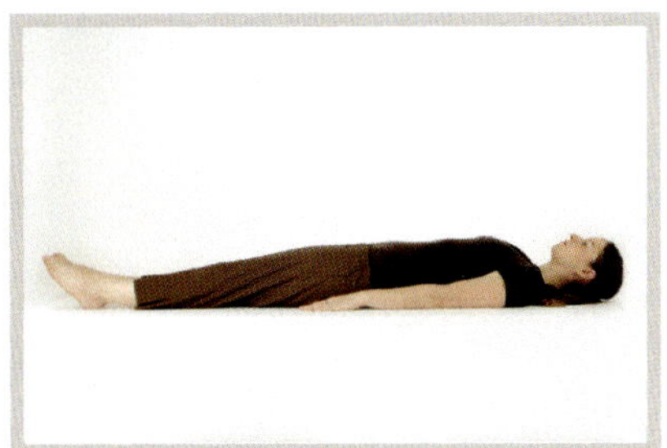

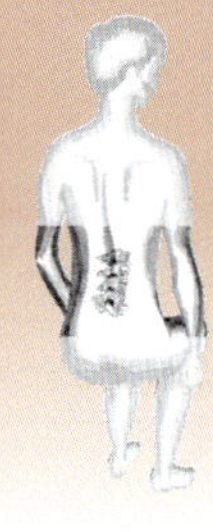

Lendenwirbelsäule

Die Lendenwirbelsäule leidet vor allem am verminderten Einsatz der Hüftgelenke beim Gehen und an der mangelnden Fähigkeit, das Becken ausreichend aufzurichten. Dadurch kippen viele Menschen immer weiter in Richtung einer verstärkten Lordose („Hohlkreuz") und verlieren die natürliche Länge der Wirbelsäule.

Dies hat einige strukturelle Veränderungen zur Folge, unter anderem:

- erhöhte Belastung der Facettengelenke der Lendenwirbelsäule
- erhöhte Belastung des hinteren Anteils der Bandscheiben
- Verkürzung und Verspannung des langen Rückenstreckers
- Abschwächung der Bauchmuskulatur
- Verkürzung der Hüftbeugemuskulatur

Die Schwerpunkte der Übungen liegen daher auf der Entspannung der verkürzten Muskulatur, der Kräftigung der Bauchmuskulatur und dem Erlernen einer physiologisch korrekten Beckenposition.

Mobilisation

Kniefaller

Mit hüftbreit aufgestellten Beinen auf den Rücken legen. Beide Knie abwechselnd nach rechts und links fallen lassen.

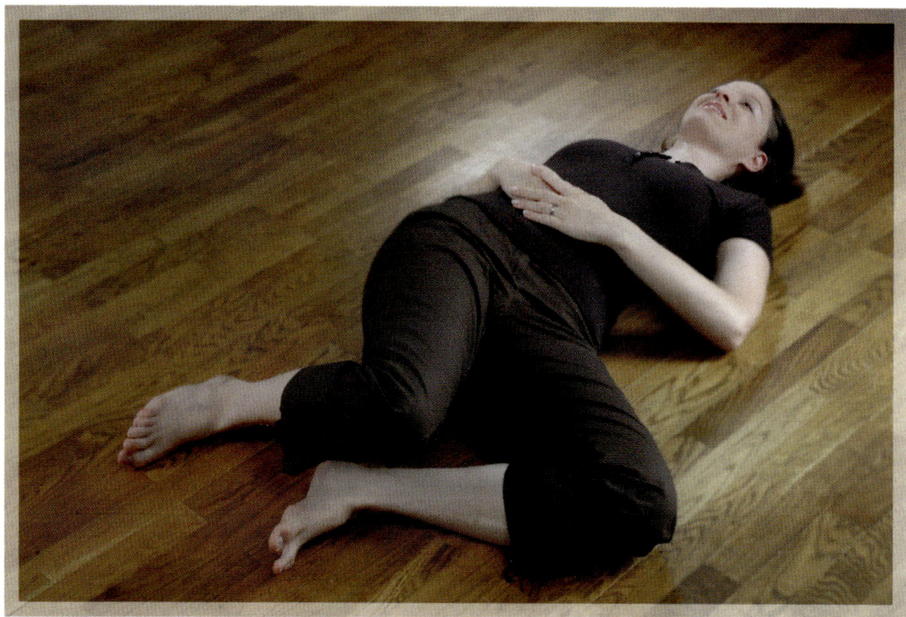

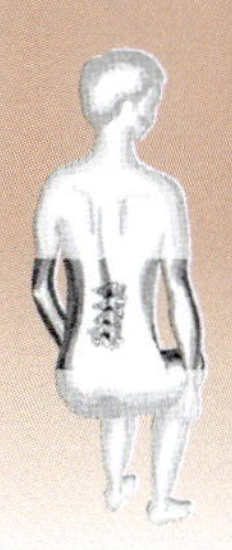

Beckenkippung

Mit hüftbreit aufgestellten Beinen auf den Rücken legen. Aktiv in der Lendenwirbelsäule ein Hohlkreuz bilden, dann mit der Schwerkraft locker Richtung Boden fallen lassen.

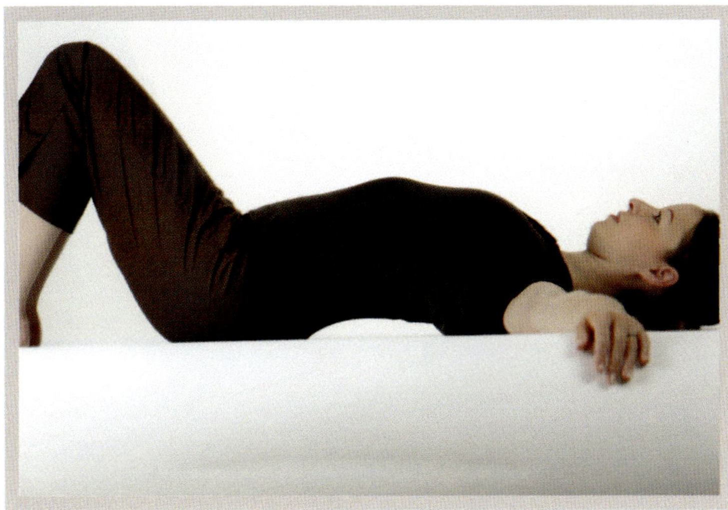

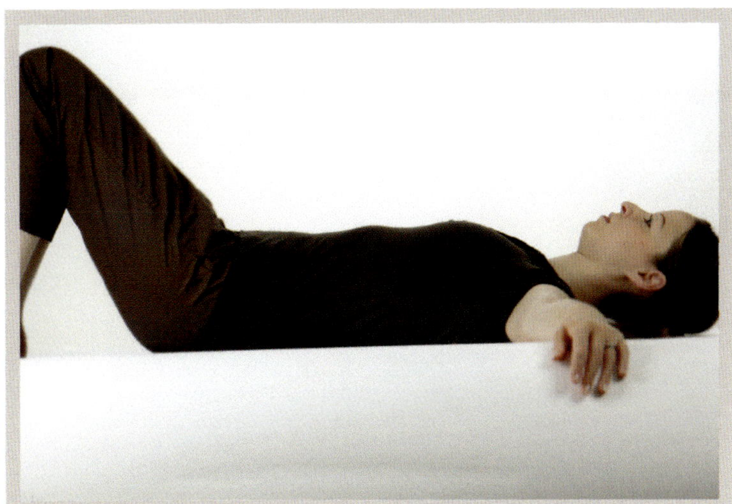

Beachte: *Drücken Sie nicht mit der Kraft der Bauchmuskulatur den unteren Rücken auf den Boden, sondern lassen Sie über die Wiederholungen das Körpergewicht und die Schwerkraft wirken, damit sich der Lendenwirbelsäulenbereich entspannen kann.*

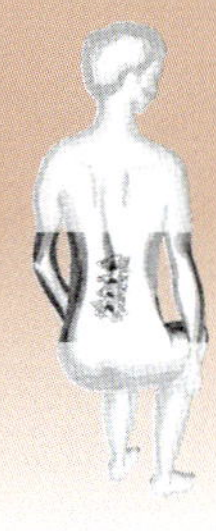

Aushängen

Auf einen Hocker setzen. Der Oberkörper hängt locker nach vorne über, der untere Rücken ist so rund wie möglich. Mit der Kraft der Beinmuskulatur aufstehen, ohne dabei die Rundung in der Lendenwirbelsäule zu verlieren. Nach und nach Wirbel für Wirbel von unten her aufrichten.

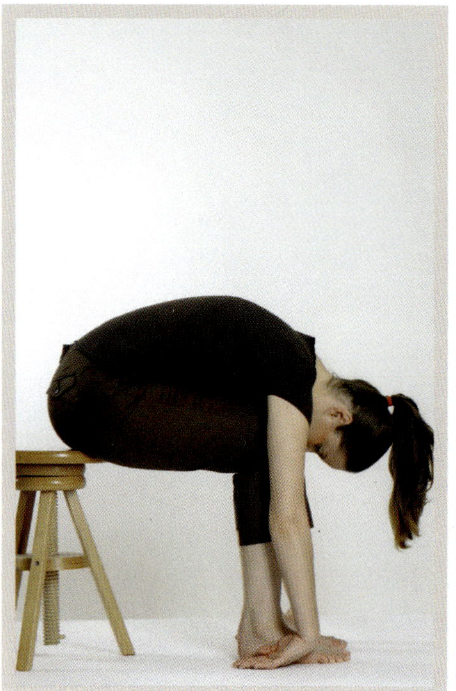

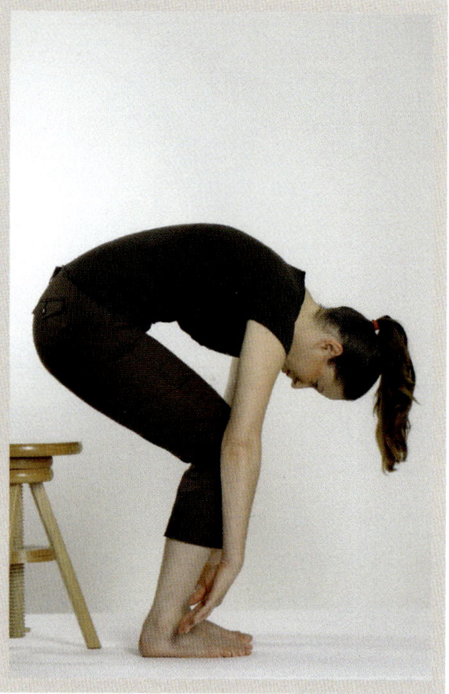

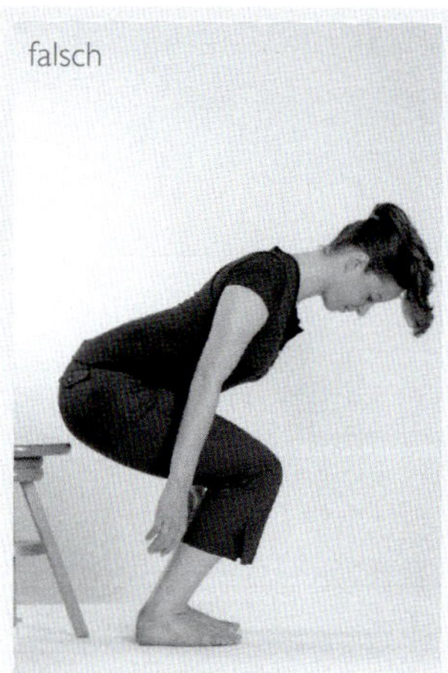

falsch

Beachte: *Beim Aufstehen soll kein Streckimpuls aus dem unteren Rücken kommen.*

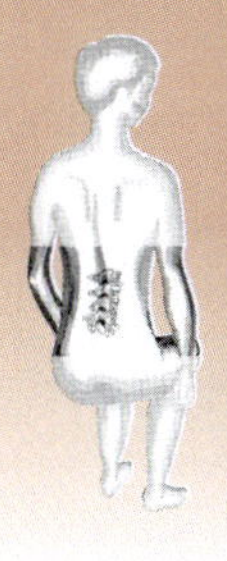

Kräftigung/ Stabilisation

Aktivierung der tiefen Bauchmuskeln (Grundspannung)

Ausgangsstellung: Mit aufgestellten Beinen auf den Rücken legen. Bauchnabel nach innen ziehen, dabei den Abstand zwischen Nabel und Schambein verkürzen. Ein Bein angewinkelt anheben und halten, dann das zweite Bein anheben, ohne dass sich der Bauch nach außen vorwölbt. Beide Beine fünf bis sieben Atemzüge halten, dann nacheinander wieder abstellen. 3–5x wiederholen.

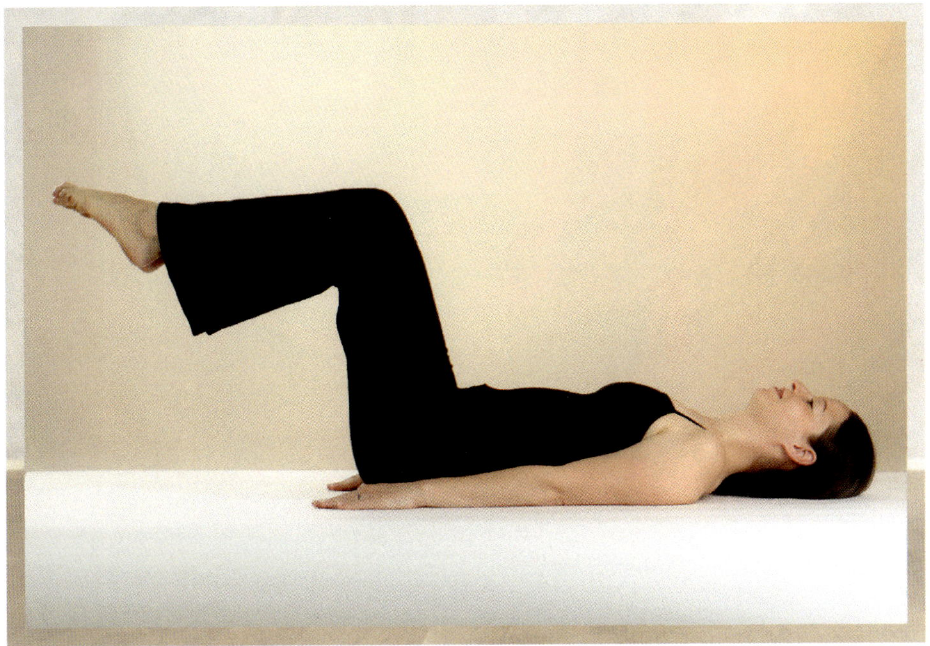

Beachte: *Die Bauchspannung muss die ganze Zeit aufrechterhalten werden. Spannen Sie zur Hilfe zusätzlich auch noch den Beckenboden an. Atmen Sie regelmäßig weiter. Die Atmung verlagert sich etwas nach oben und zu den Seiten des Brustkorbs.*

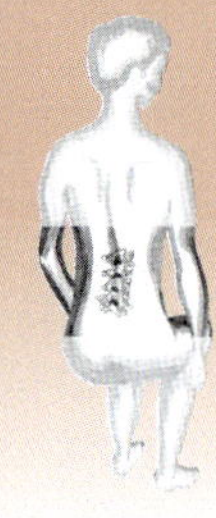

Bauchmuskeln mit Gymnastikband

Ausgangsstellung wie in der Übung „Grundspannung". Vorher ein Gymnastikband zurechtlegen und hinter dem Kopf an einem stabilen Gegenstand befestigen. Das Band mit beiden Händen fassen und mit der Übung „Grundspannung" beginnen. Kopf und Schultergürtel leicht anheben und mit gestreckten Armen das Gymnastikband Richtung Füße ziehen. Beim Ausatmen anspannen, beim Einatmen etwas nachgeben, ohne die tiefe Spannung im Bauch zu verlieren. 3x 15 Wiederholungen.

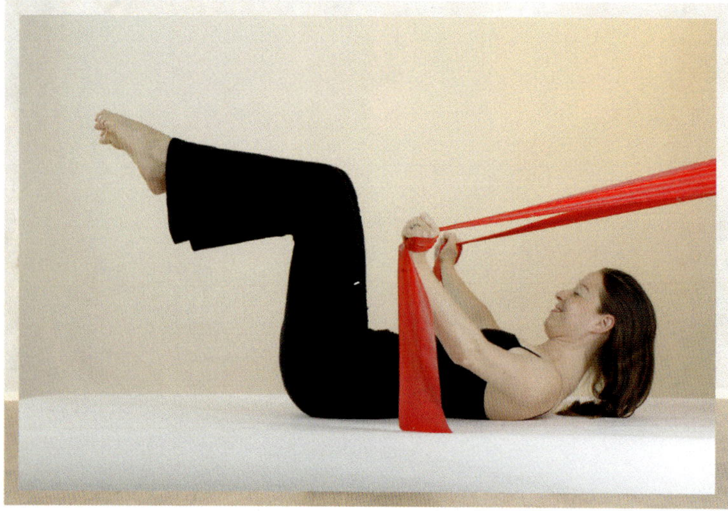

Variante: Für die schrägen Bauchmuskeln mit leichter Drehung schräg nach rechts bzw. links ziehen.

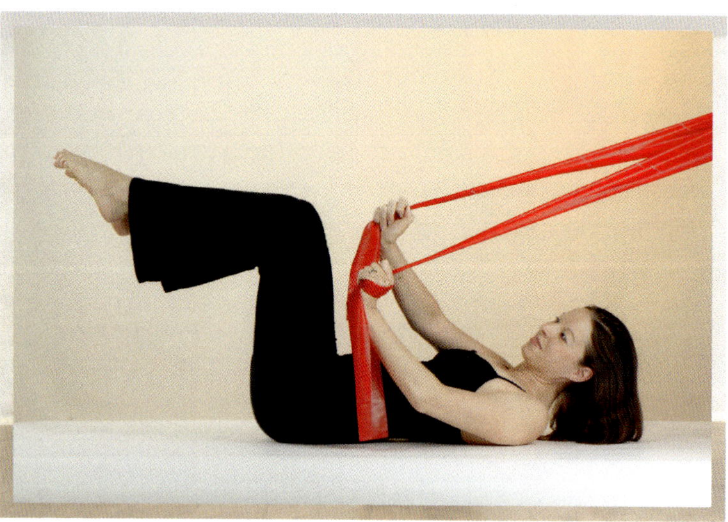

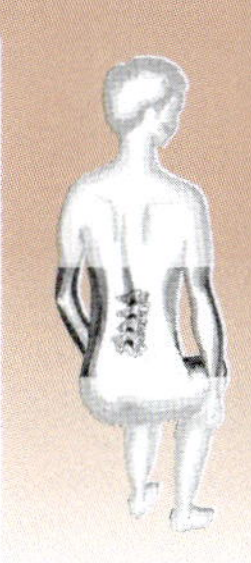

Diagonale Streckung

Ausgangsstellung wie in der Übung „Grundspannung“, dabei beide Arme gestreckt Richtung Decke halten. Nun mit der linken Hand gegen das rechte Knie drücken und das linke Bein und den rechten Arm langsam Richtung Boden senken. Die Bauchspannung darf dabei nicht verloren gehen und der Rücken soll sich nicht von der Unterlage entfernen. Seiten wechseln, pro Diagonale fünf Wiederholungen.

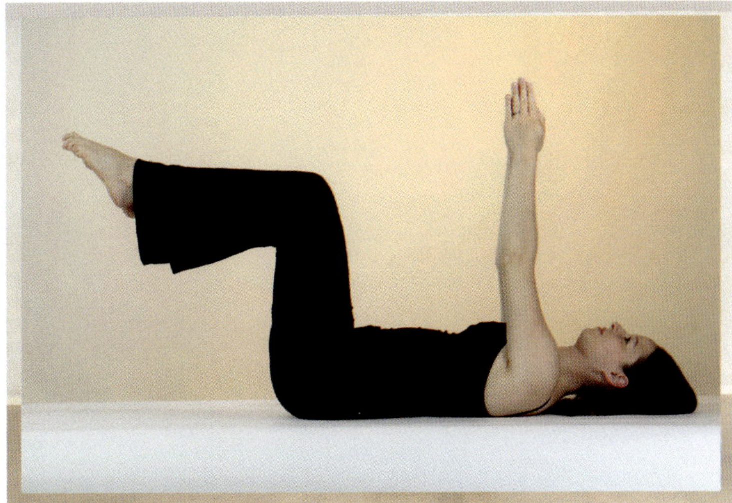

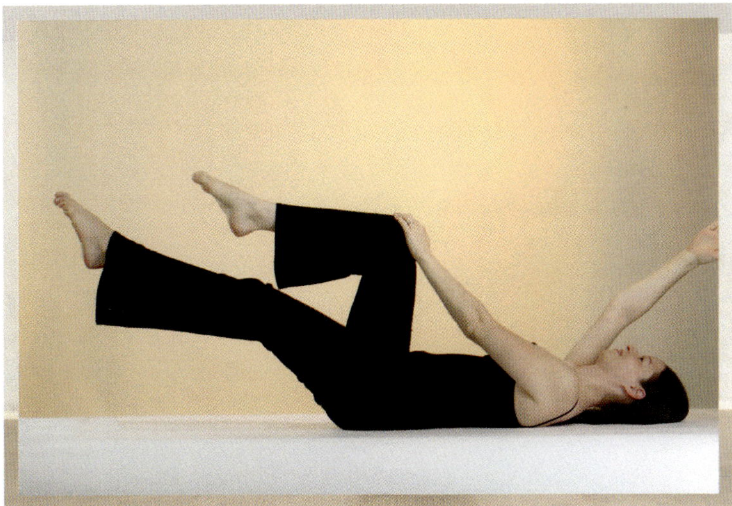

Beachte: *Es ist nicht so wichtig, dass das Bein den Boden erreicht, sondern dass Sie nur so weit gehen, wie Sie mit der Kraft ihrer Bauchmuskulatur den unteren Rücken stabil halten können.*

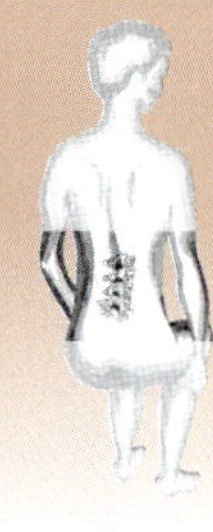

Boot

Mit aufgestellten Beinen sitzen. Direkt auf den Sitzknochen sitzen, mit den Armen hinter dem Körper abstützen und die gesamte Wirbelsäule strecken. Nun die Bauchspannung aus der Übung „Grundspannung" aufbauen, die Füße vom Boden lösen und die Unterschenkel in eine horizontale Position bringen (ankerndes Boot).

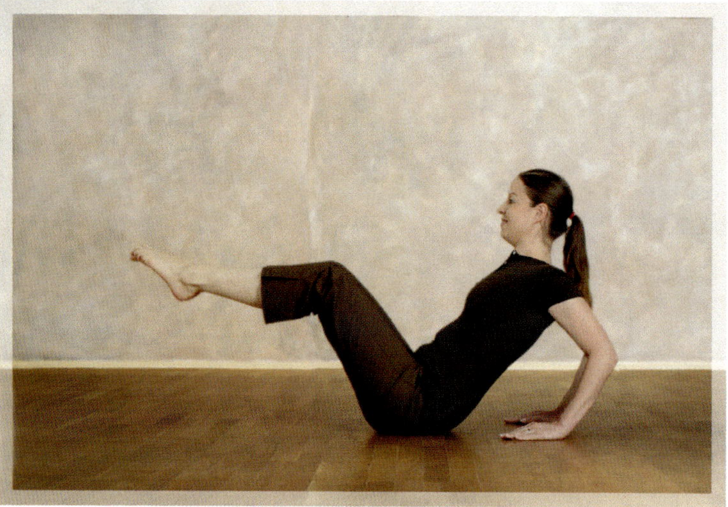

Bei ausreichender Kraft der Bauch- und Rückenmuskulatur können Sie nach einiger Zeit die Arme vom Boden lösen und seitlich nach vorne strecken (Boot).

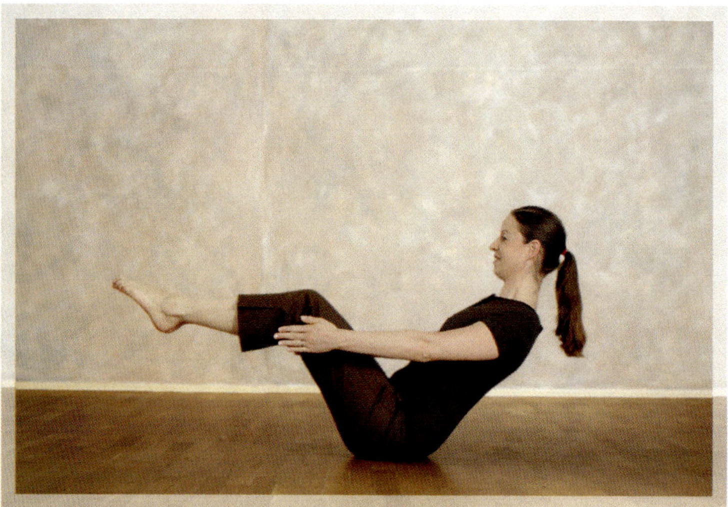

Beachte: *Rollen Sie nicht hinter die Sitzknochen, halten Sie den gesamten Rücken aufrecht und den Kopf in Verlängerung der Wirbelsäule.*

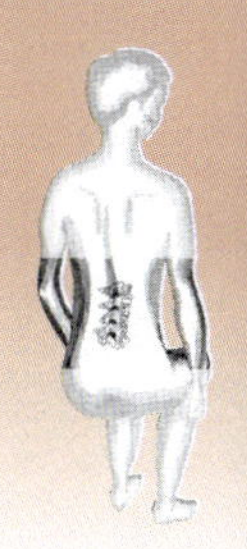

Rundum-Spannung

Vier-Füßler-Stand einnehmen. Auf die Handgelenke, Fäuste oder Unterarme stützen und die Zehen aufstellen. Die Bauchspannung aus der Übung „Grundspannung" aufbauen und beide Knie maximal zwei Zentimeter vom Boden abheben, wobei sich der Rücken nicht verändert. Position 5 – 10 Atemzüge halten, dabei gleichmäßig weiteratmen.

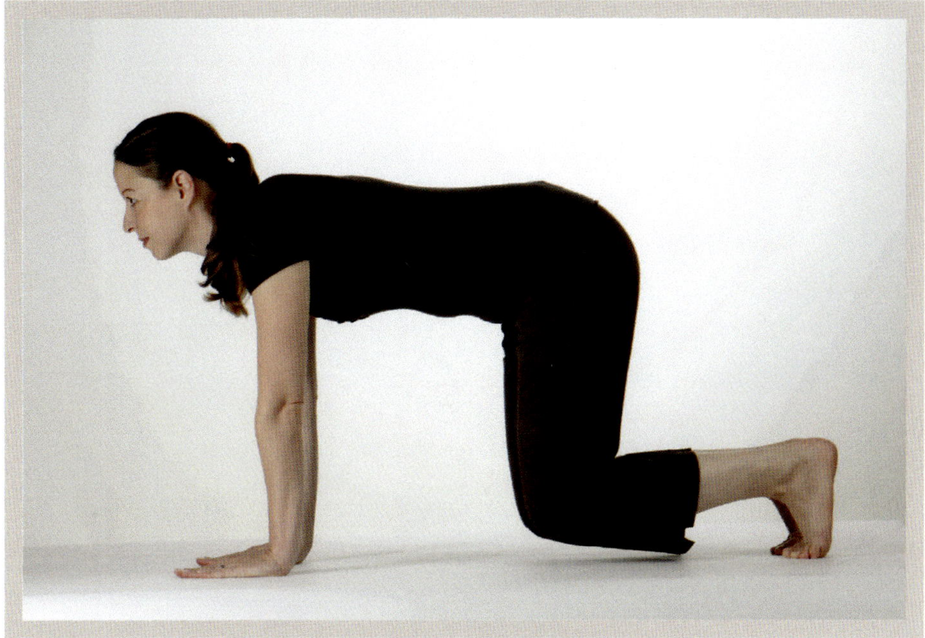

Variante: Mit den Füßen auf der Stelle gehen.

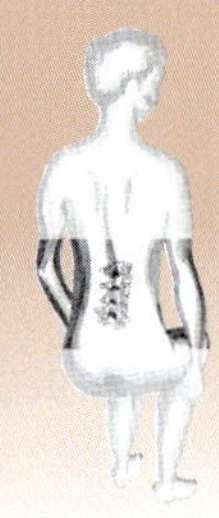

Dehnung

Dreieck

Hüftbreit stehen, zur linken Seite neigen, dabei mit der linken Hand so weit wie möglich am Bein nach unten ziehen. Der rechte Arm zeigt gestreckt zur Decke, der Blick geht geradeaus. 20 – 30 Sekunden in dieser Position verharren, dabei verstärkt in die gedehnte Seite atmen. Seiten wechseln, pro Seite 2 x wiederholen.

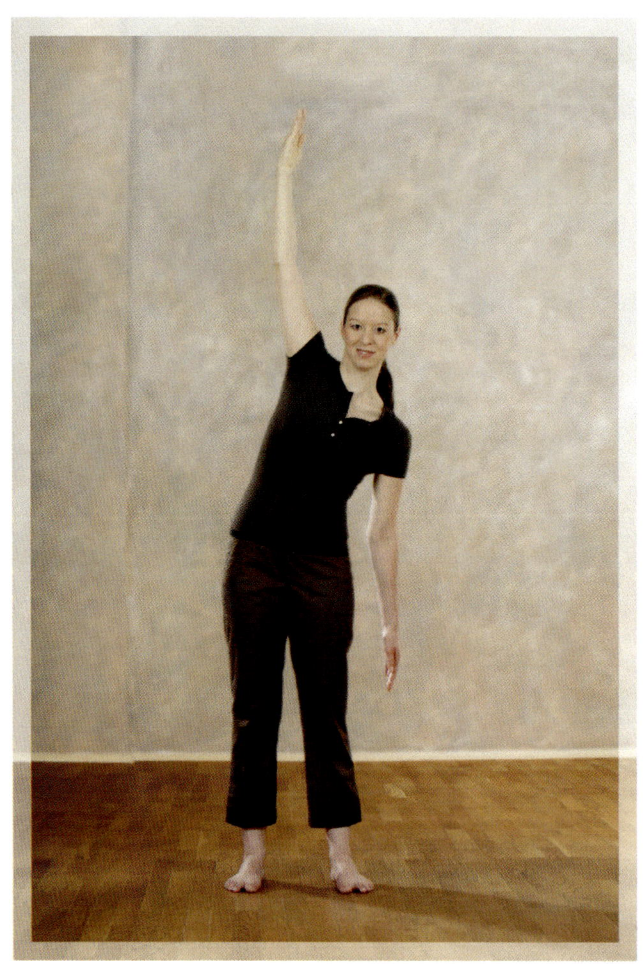

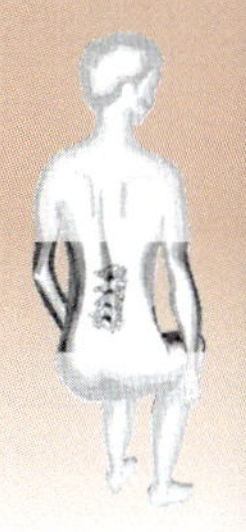

Leistendehnung

Im Halbkniestand stehen. Den Bauch leicht einziehen und das Becken kippen, so dass der untere Rücken so lang wie möglich ist (Hohlkreuz auflösen). Aus dieser Position das Becken etwas nach vorne schieben. Dabei verstärkt sich die Dehnung in der Leiste und an der Beinvorderseite. 20 – 30 Sekunden halten, Seiten wechseln, pro Seite 2x wiederholen.

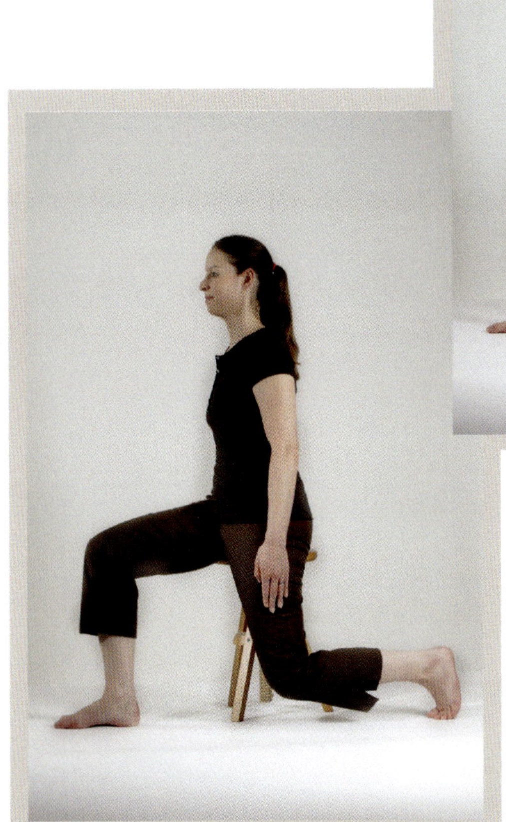

Variante: Auf der Hockerkante sitzen und ein Bein nach hinten stellen. In dieser Position das Becken so kippen, dass es in eine aufrechte Position kommt.

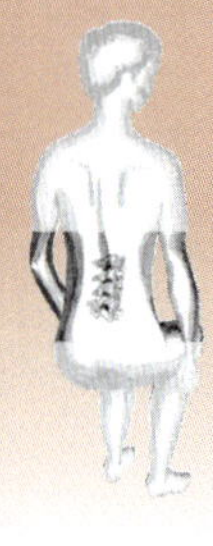

Asiatische Hocke

Mit geschlossenen oder nur leicht geöffneten Knien in die Hocke gehen, die Fersen bleiben dabei am Boden. Die Schwerkraft zieht das Becken Richtung Boden, der untere Rücken wird dabei gedehnt.

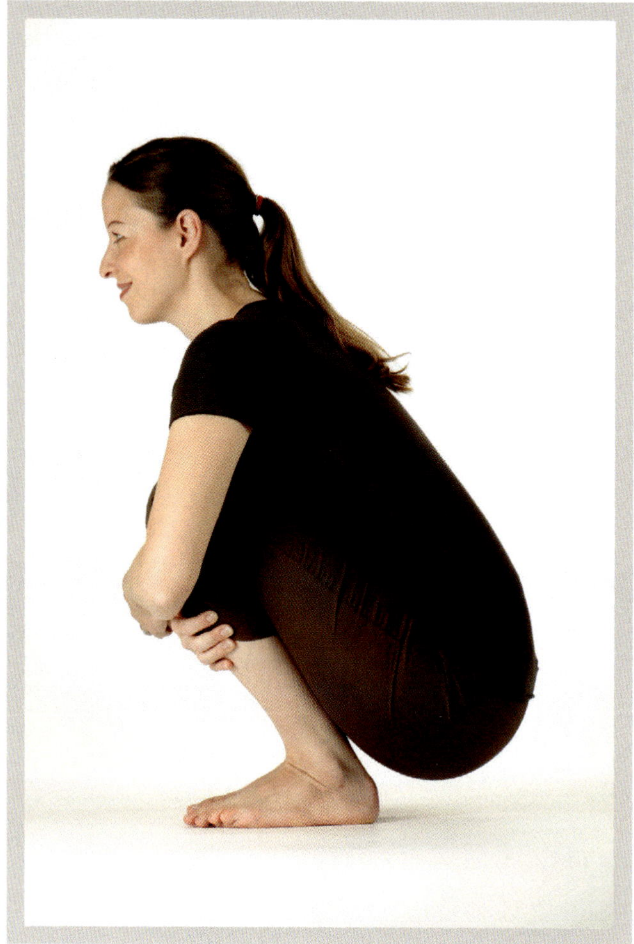

Variante: Wenn die Übung noch schwer fällt, können die Fersen leicht angehoben werden oder man kann sich am Türrahmen festhalten.

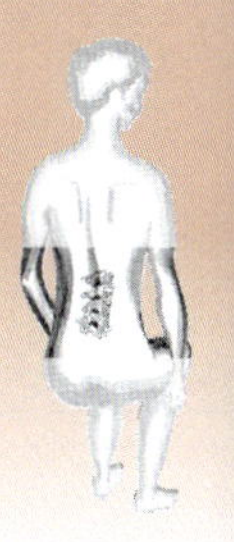

Wahrnehmung / Koordination

Wachsen

Zusammengesunkener Sitz auf dem Hocker. Aus der Körpermitte heraus Wirbel für Wirbel entspannt aufrichten, sich dabei aber nicht aktiv nach oben ziehen. Am Schluss aufrecht aber nicht überspannt sitzen. Die Übung ist richtig ausgeführt, wenn sich das aufrechte Sitzen am Ende nicht anstrengend anfühlt.

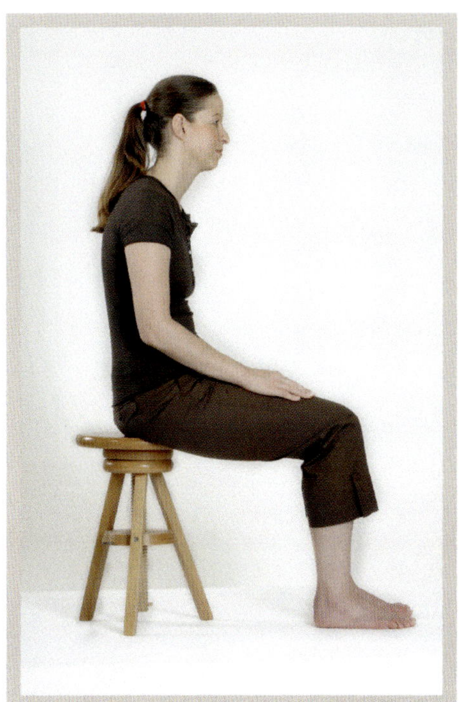

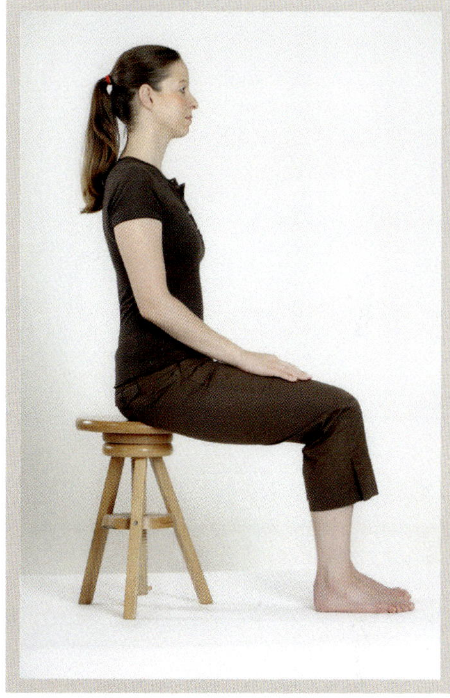

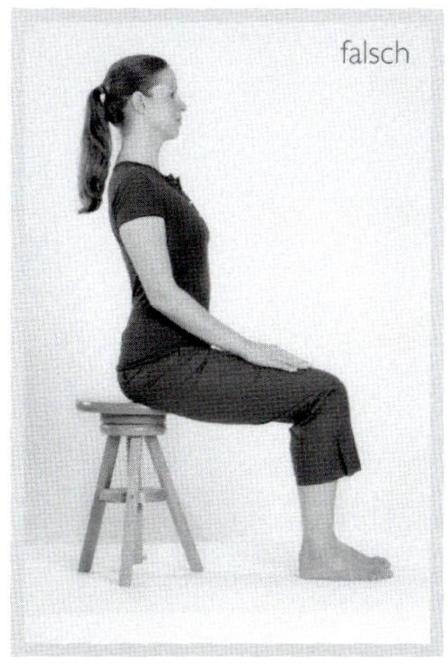

falsch

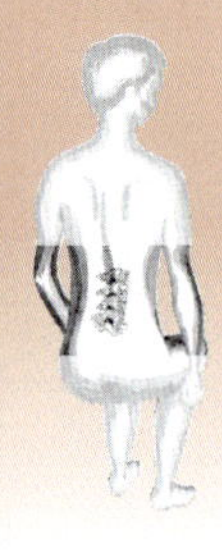

Stehsitz

Hüftbreit stehen und die Arme gestreckt über den Kopf heben. Die Handflächen liegen aneinander. Leicht in die Knie gehen, dabei sinkt das Kreuzbein Richtung Boden und der untere Rücken kann sich entspannen. Spüren, wie sich die gesamte Wirbelsäule nach unten und oben in zwei Richtungen ausdehnt.

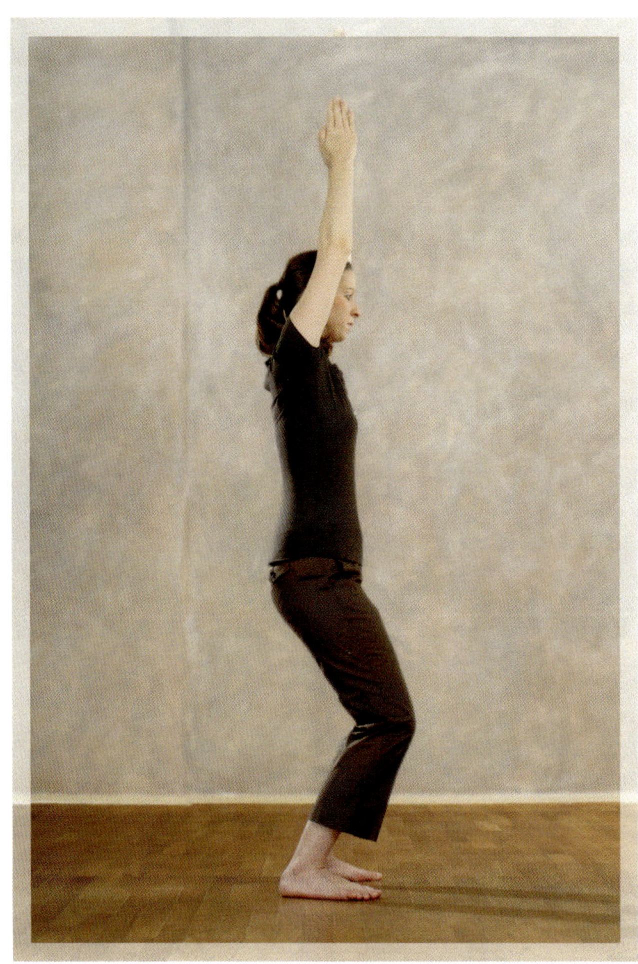

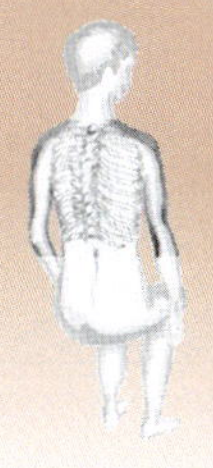

Brustwirbelsäule

Die Brustwirbelsäule weist eine physiologische Krümmung, die so genannte Kyphose auf. Durch Haltungsschwächen verstärkt sich diese jedoch häufig und wird zu einem deutlichen Rundrücken. Das Gegenteil, die Aufhebung der Kyphose bzw. der Flachrücken, wirkt oft wie eine überkorrekte, steife Haltung. Je nachdem, zu welcher Richtung Ihre Wirbelsäule tendiert, sollten Sie die Gegenrichtung verstärkt üben und Übungen, die Ihrer Gewohnheitshaltung entsprechen, unterlassen.

Neigen Sie zu einem eher runden Rücken, führen Sie folglich alle Übungen, die die Streckung betonen, vermehrt durch. Bei einem Flachrücken sollten Sie sich um eine Verbesserung der Mobilität und Bewegungsfähigkeit bemühen.

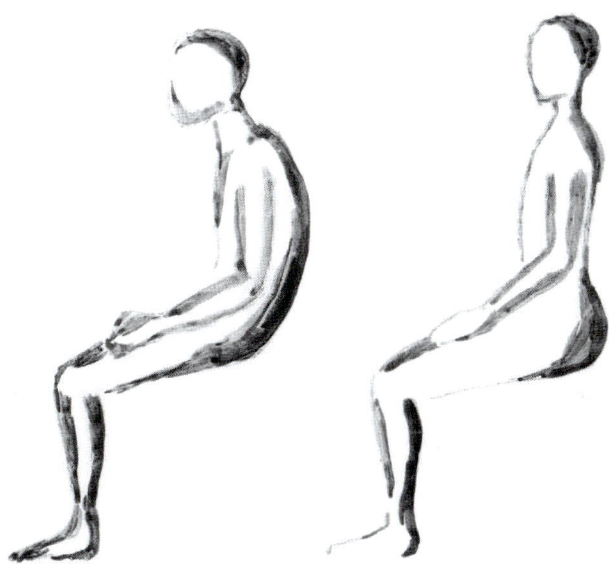

Die Übungen für die Stabilität der Schulterblätter sind für alle Rückenformen geeignet. Menschen mit einem Flachrücken haben hier jedoch meistens ein großes Defizit und müssen diese Bewegungen besonders trainieren.

Die Übungen ohne spezielle Anmerkung sind sowohl für den Rund- als auch für den Flachrücken geeignet.

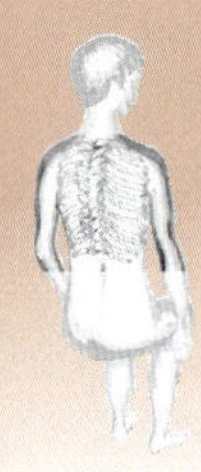

Mobilisation

Beugung und Streckung

Auf den Fersen sitzen. Die Arme liegen seitlich neben dem Körper auf dem Boden. Die Handflächen zeigen nach unten. Abwechselnd den oberen Rücken beugen und strecken und dabei die persönliche Zielrichtung betonen. (Bei einem Rundrücken = Betonung der Streckung, bei einem Flachrücken = leichte Betonung der Beugung.)

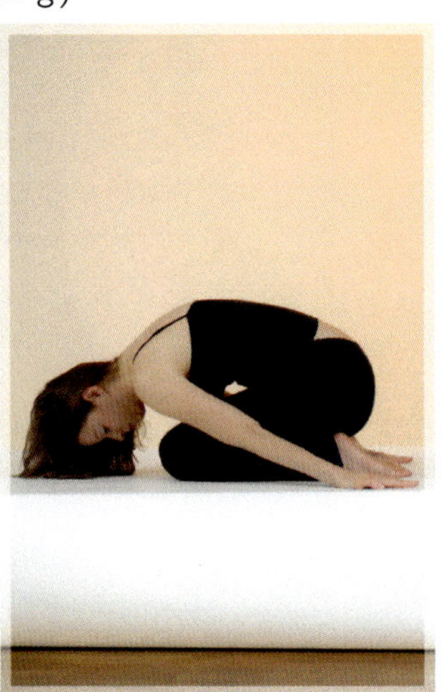

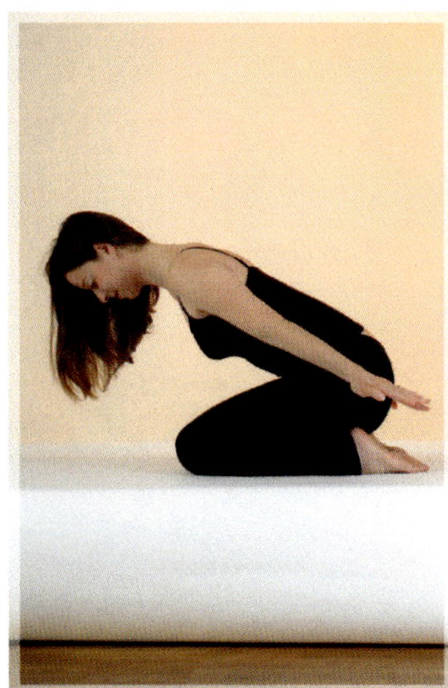

Brustwirbelsäulen-Dreher

Den Vier-Füßler-Stand einnehmen. Auf die Hände oder Fäuste stützen. Mit dem rechten Arm unter dem linken nach links durchgreifen und die Drehung in der Brustwirbelsäule spüren. Das Becken, die Lendenwirbelsäule und die linke Schulter so stabil wie möglich halten. Seiten wechseln.

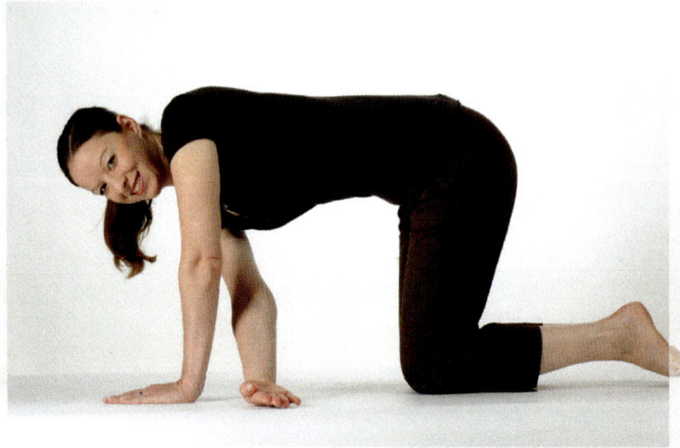

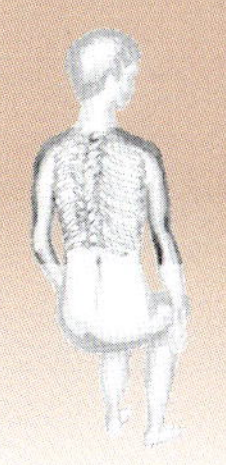

Halbe Drehung

Auf den Fersen sitzen. Die Arme liegen neben dem Körper, der Kopf ist auf dem Boden abgelegt, der obere Rücken ist rund. Nun die Brustwirbelsäule strecken und gleichzeitig zur linken Seite drehen. Der linke Arm beschreibt einen Halbkreis und zeigt am Schluss möglichst gestreckt zur Decke. Seiten wechseln.

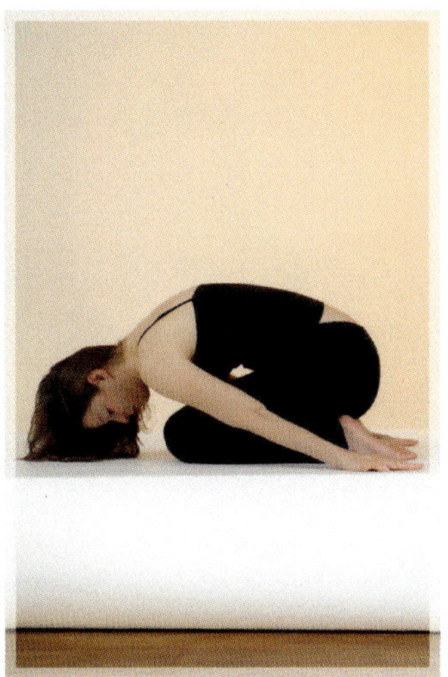

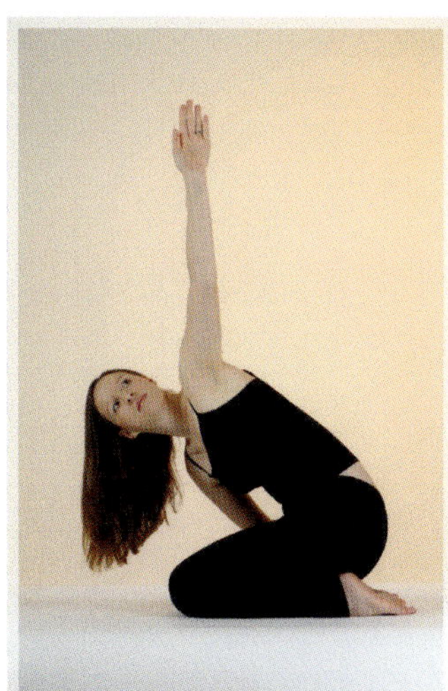

Rückenschraube

Rückenlage, beide Knie zur Brust ziehen, die Arme zur Decke strecken. Gleichzeitig die Knie auf der linken und die Arme auf der rechten Seite ablegen. In einem flüssigen Tempo hin und her bewegen.

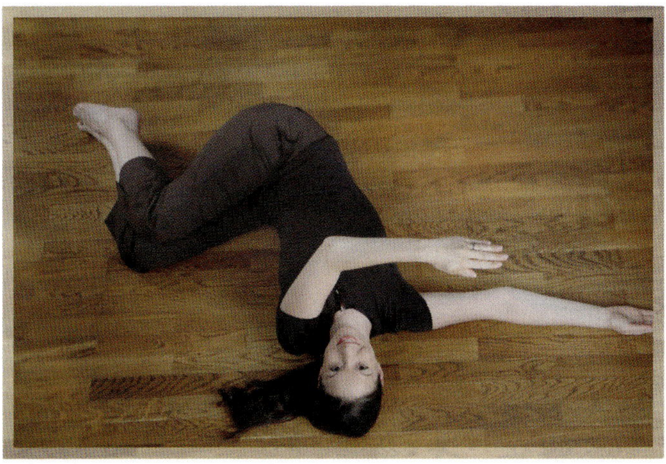

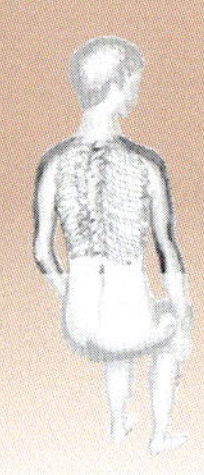

Kräftigung

Speziell für den Rundrücken

Flieger

Den Einbeinkniestand einnehmen (auf dem rechten Knie, der linke Fuß steht vorne). In jede Hand ein mittelschweres Gewicht nehmen (Hantel oder Wasserflasche, ca. ein bis zwei Kilo). Nun nach vorne beugen und den oberen Rücken strecken. Die Arme mit leicht gebeugten Ellenbogen zu den Seiten heben und sich aus der Wirbelsäule nach links drehen. Das Brustbein orientiert sich dabei nach links /vorne /oben. 3x 15 Drehungen nach links, der Rücken bleibt dabei die ganze Zeit gerade.

Beine wechseln (Stand auf dem linken Knie, rechter Fuß vorne) und 3x 15 Mal nach rechts drehen.

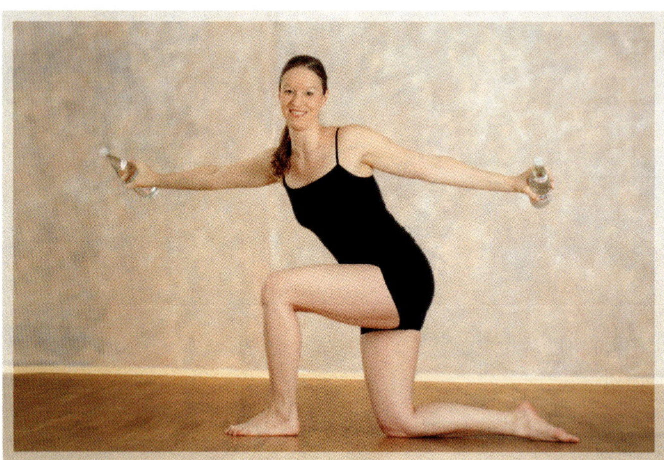

Beachte: *Halten Sie den oberen Rücken stabil, aber ziehen Sie die Schulterblätter nicht übermäßig zur Wirbelsäule zusammen.*

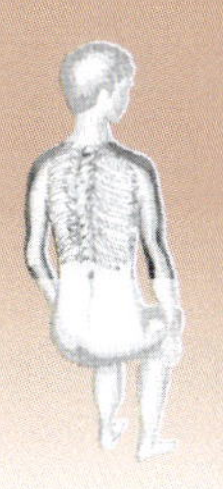

Gymnastikband-Aufrichtung

Das Gymnastikband an der Türklinke oder oberhalb der Tür befestigen. Mit beiden Händen fassen und frontal zur Tür stehen. Gewicht auf das rechte Bein verlagern, dabei rechts im Becken stabil stehen und den linken Fuß in Schrittstellung auf den Zehenspitzen leicht auf dem Boden abstellen. Nun mit dem linken Arm gestreckt nach links/hinten/außen ziehen, dabei mit dem Oberkörper nach links drehen und die Brustwirbelsäule aufrichten. Mit dem rechten Arm leicht nach vorne nachgeben, aber trotzdem genügend Spannung im Band behalten. Wie in der Übung „Flieger" zeigt das Brustbein bei jeder Streckung und Drehung nach links/vorne/oben.

3x 15 Wiederholungen, dann die Beinposition und die Drehrichtung wechseln.

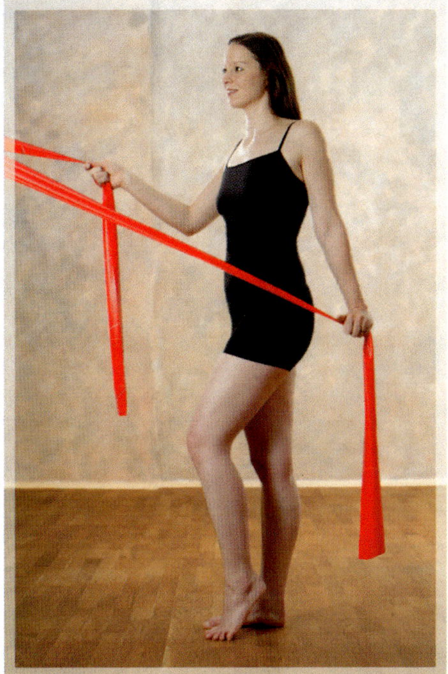

Beachte: *Die Bewegung muss aus der Wirbelsäule kommen. Ziehen Sie nicht zuviel mit dem Arm und dem Schulterblatt nach hinten oder zur Mitte. Halten Sie das Becken stabil.*

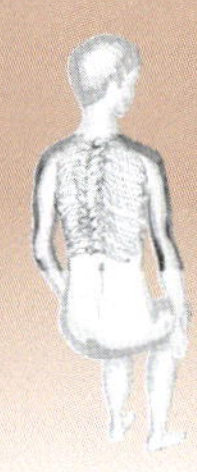

Kräftigung

Training bei einem Flachrücken

Für Musiker ist die dynamische Fixierung der Schulterblätter am Brustkorb besonders wichtig. Diese Aufgabe übernehmen Muskeln, die unter anderem unter dem Schulterblatt liegen, die so genannten Schulterblattfixatoren. Nur wenn das Schulterblatt mit genügend Stabilität am Brustkorb anliegt, aber trotzdem beweglich bleibt, kann die Koordination des gesamten Armes und der Hände optimal funktionieren. Ist dies nicht der Fall, muss zuviel Kraft im Unterarm- und Handbereich aufgewendet werden, was am Instrument zum Verlust von Tempo, Leichtigkeit und Ausdauer führt.

Die folgenden Übungen sind koordinativ sehr anspruchsvoll. Dies ist vor allem deswegen so, weil man im Schulterblattbereich selbst keine optische Kontrollmöglichkeit hat. Man muss sich auf die eigene Körperwahrnehmung und Bewegungsvorstellung verlassen. Zusätzlich ist es sehr hilfreich, von Zeit zu Zeit eine andere Person um eine Korrektur der Schulterblattposition zu bitten. Achten Sie auf die folgenden Punkte:

- Die Schulterblätter dürfen nicht abstehen.
- Es soll sich keine Rinne zwischen den Schulterblättern und auf der Wirbelsäule bilden.
- Die Schulterblätter nicht zur Wirbelsäule hin zusammen ziehen, sondern nach hinten / unten / außen bewegen.
- Die Übungen steigen im Schwierigkeitsgrad an. Gehen Sie erst dann zu schwierigeren Übungen über, wenn Sie die Schulterblätter optimal anlegen können.

Ellenbogen-Schieber

Seitlich zum Tisch sitzen. Der Unterarm ist auf dem Tisch abgelegt, der Ellenbogen liegt leicht vor dem Schultergelenk. Dann den Ellenbogen seitlich auf dem Tisch nach außen schieben, ohne dabei den Arm oder die Schulter anzuheben. Die Schulter sollte sich eher ein wenig nach unten bewegen. Während der gesamten Bewegung soll das Schulterblatt flächig am Brustkorb anliegen und darf nicht nach vorne kippen.

Beide Seiten solange üben, bis die Bewegung und Position des Schulterblatts gut spürbar sind.

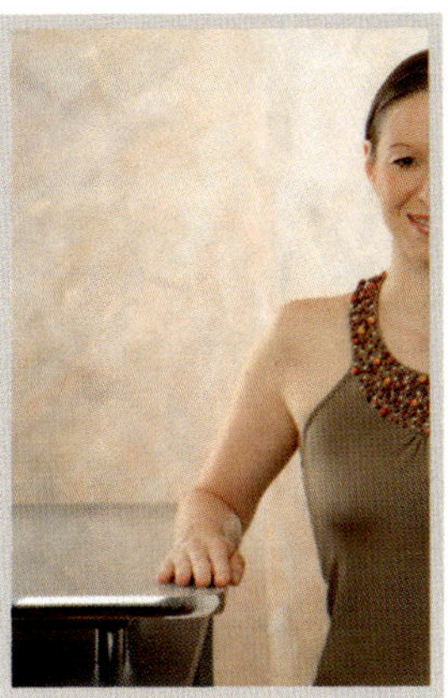

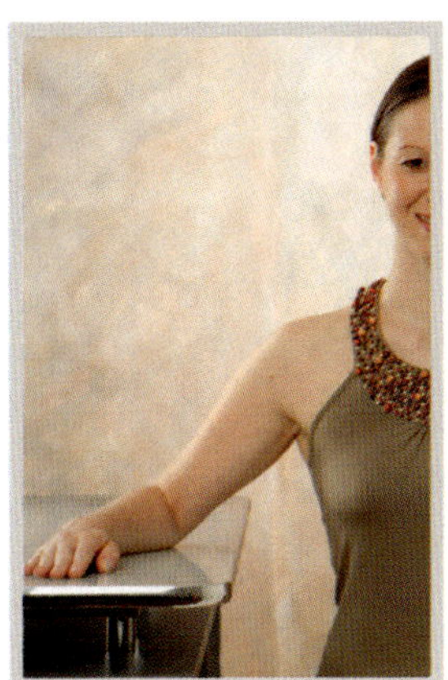

Seitstütz an der Wand

Seitlich zur Wand stehen. Mit leicht gebeugtem rechten Arm an der Wand abstützen, ohne dass das Schulterblatt seine Position hinten / unten / außen verliert. Langsam nach rechts zur Wand drehen, dabei die Hand- und Schulterblattposition nicht aufgeben. Mit zunehmender Drehung wird es schwerer, das Schulterblatt gut am Brustkorb anzulegen. Daher nur so weit in die Bewegung gehen, wie dies noch möglich ist.

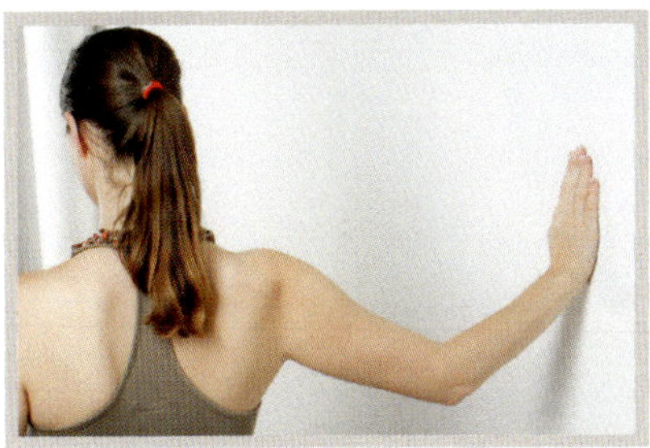

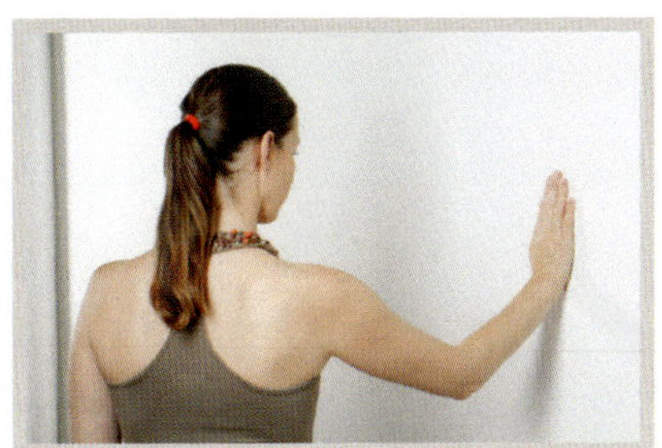

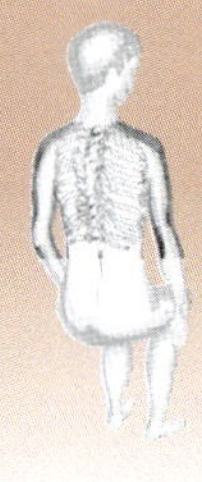

Frontalstütz an der Wand

Mit Blick zur Wand stehen. Mit beiden Händen etwas über Schulterhöhe gegen die Wand stützen. Die Schulterblätter sind beide hinten / unten / außen verankert. Nach und nach mit mehr Körpergewicht gegen die Wand lehnen, ohne die Schulterblattfixation aufzugeben.

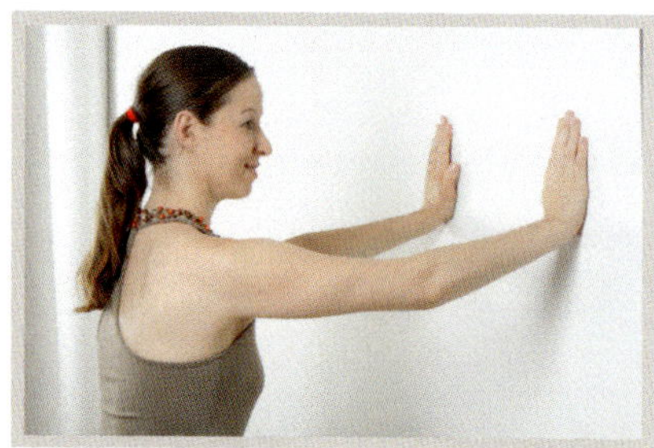

Vier-Füßler-Stütz

In den Vier-Füßler-Stand gehen. Die Schulterblätter sind angelegt (nach hinten / unten / außen). Nun das Gewicht auf den Händen zu einer Seite verlagern, ohne auf der stützenden Seite die Schulterblattposition zu verlieren. Als Steigerung eine Hand vom Boden lösen bzw. zusätzlich das diagonale Knie abheben.

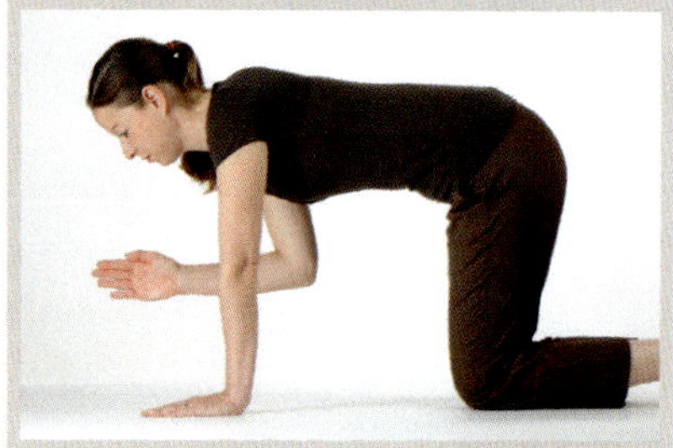

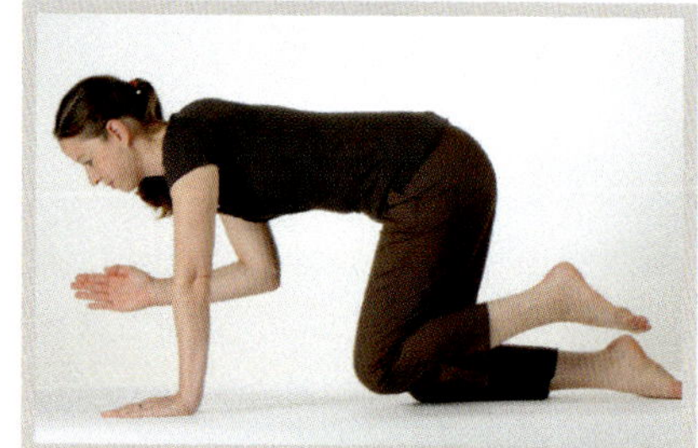

falsch

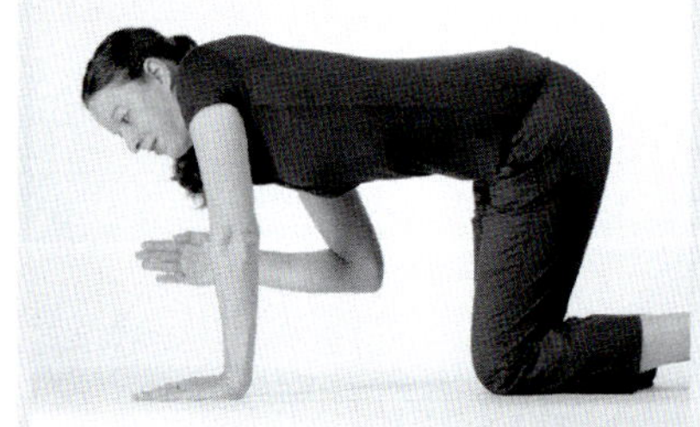

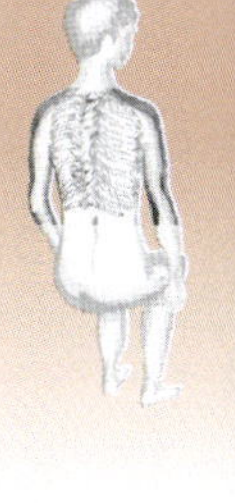

Dehnung

Großer Brustmuskel

Im Türrahmen oder an der Wand stehen. Der rechte Unterarm liegt am Rahmen oder der Wand an. Schulter und Ellenbogen sind auf gleicher Höhe. Unter- und Oberarm bilden einen Winkel von 90°. Einen kleinen Schritt nach vorne gehen, sodass der rechte obere Brustbereich unter Dehnung kommt. 30 Sekunden halten, Seiten wechseln. Jede Seite 2x wiederholen.

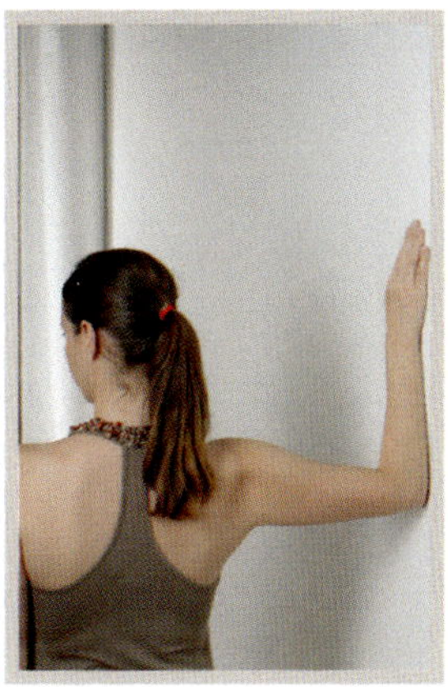

Variante: Um alle drei Anteile des Muskels zu dehnen, muss der Winkel des Oberarms folgendermaßen verändert werden:

45° : Dehnung im Schlüsselbeinbereich
135° : Dehnung im unteren Brustbereich

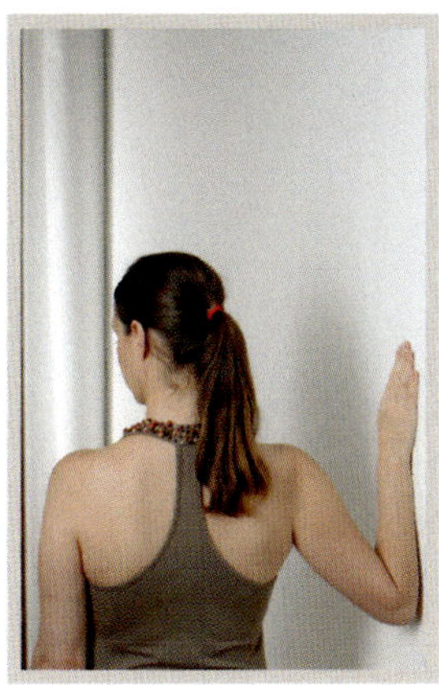

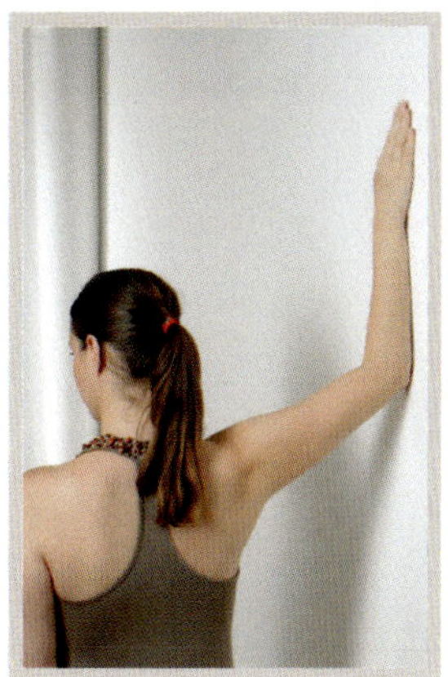

Beachte: *Drehen Sie sich nicht aus dem Becken heraus und fallen Sie nicht ins Hohlkreuz.*

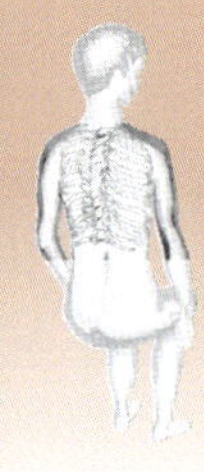

Drehdehnlage

Auf die Seite legen. Arme und Beine sind aufeinander abgelegt und liegen gestreckt im 90°-Winkel zum Rumpf (U-Position). Den oberen Arm im Halbkreis Richtung Decke führen und auf der anderen Seite des Körpers auf dem Boden ablegen. Oberkörper und Kopf drehen sich mit, sodass man am Ende Richtung Decke schaut. Können Sie den Arm noch nicht auf dem Boden ablegen, legen Sie sich vorher ein Kissen zurecht, um den Abstand auszugleichen.

Die Übung soll trotz der Dehnung angenehm sein, sodass Sie bis zu 10 Minuten in der Endposition bleiben können. Danach die Seiten wechseln.

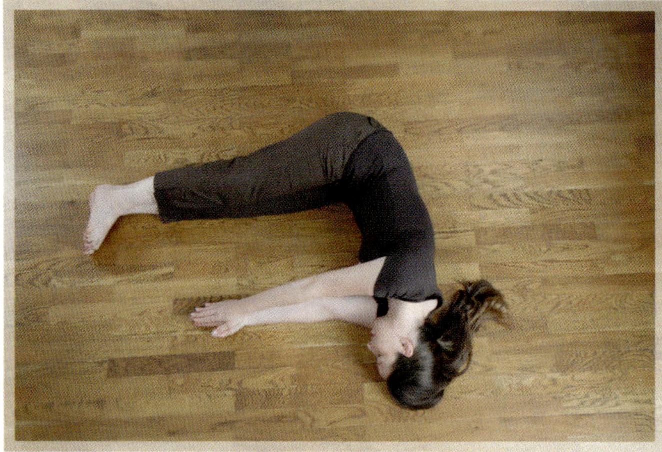

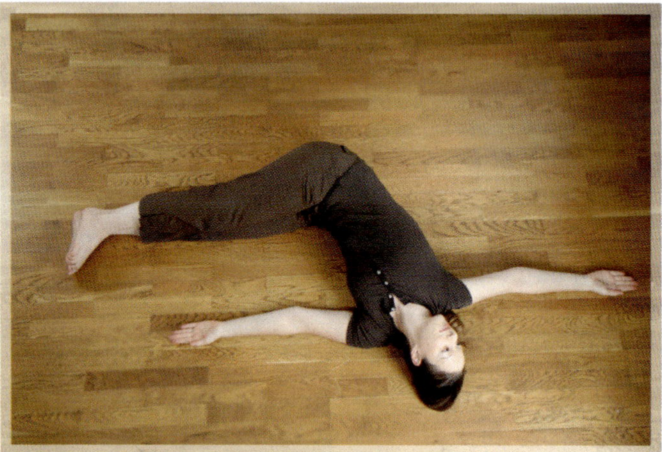

Beachte: *Lassen Sie den oberen Fuß exakt auf dem Unteren liegen (oberes Bein nicht mitbewegen).*

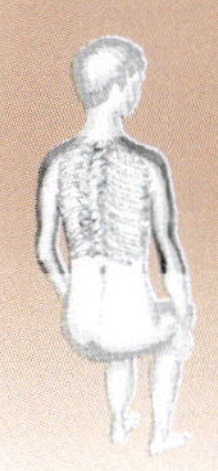

Koordination

Im Gleichgewicht

Auf einem Hocker sitzen. Ein Bein anziehen und mit den Händen umfassen. Die Ellenbogen bleiben gestreckt. Den oberen Rücken strecken und die Schulterblätter stabilisieren, indem Sie sie nach hinten / unten / außen ziehen. Das Brustbein orientiert sich gleichzeitig nach vorne / oben. Langsam über die Sitzknochen nach vorne und hinten schaukeln, ohne dabei die Stabilität im oberen Rücken zu verlieren.

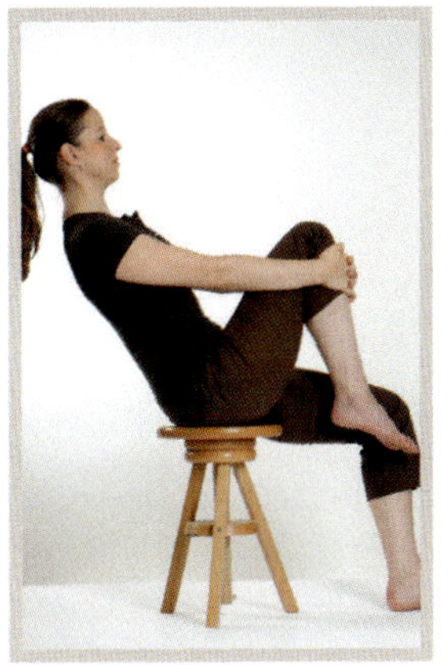

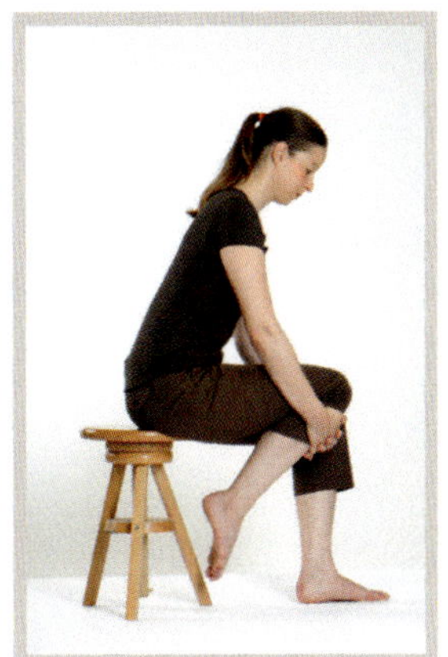

Beachte: *Lassen Sie durch das Beingewicht und die Bewegung keinen Rundrücken entstehen.*

Tisch

Hüftbreit stehen. Langsam mit geradem Rücken aus der Hüfte nach vorne beugen. Die Arme dabei zu den Seiten strecken. Der Rücken ist gerade. Gelingt dies aufgrund verkürzter Beinmuskulatur nicht, die Knie leicht beugen. 30 Sekunden verharren. Beim Auflösen nicht mit geradem Rücken hochkommen, sondern locker nach vorne aushängen lassen und dann Wirbel für Wirbel von unten langsam aufrichten.

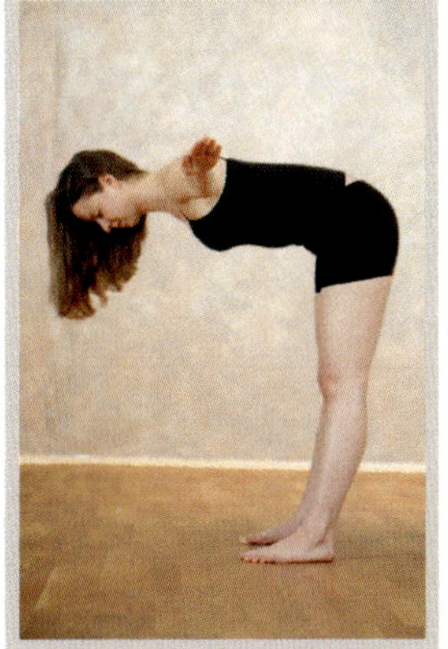

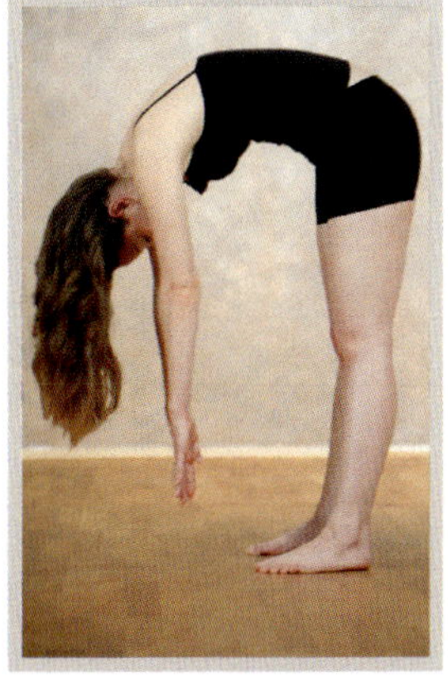

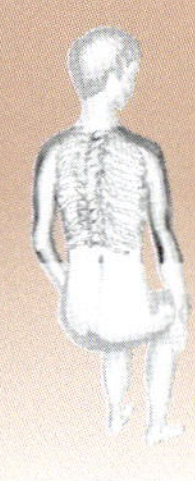

Langsitz

Mit nach vorne ausgestreckten Beinen auf dem Boden sitzen. Auf (und nicht hinter) den Sitzhöckern sitzen. Aus dieser Position den gesamten Rücken strecken. Das Brustbein orientiert sich dabei nach vorne/oben. Ist die Übung nach einiger Zeit angenehmer geworden, bis zu drei Minuten darin verharren.

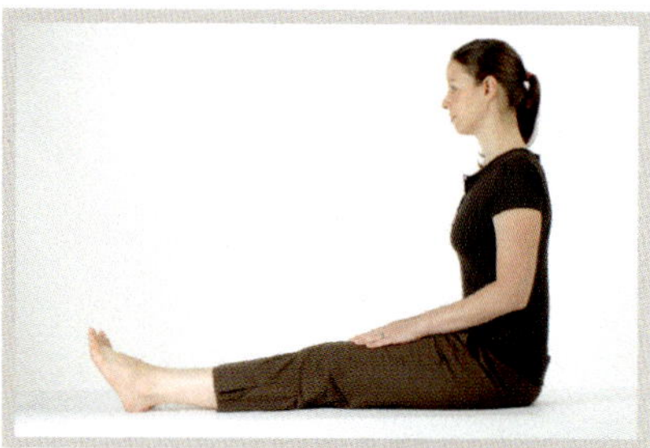

Hilfen: Bei zu kurzen Muskeln an der Beinrückseite können Sie die Knie am Anfang leicht beugen. Um die Rückenposition besser zu spüren, können Sie sich an der Wand anlehnen.

Drehsitz

Auf dem Boden sitzen. Die linke Fußsohle an die rechte Oberschenkelinnenseite legen. Nach links drehen, das rechte Bein über das linke bringen und den rechten Fuß links vom linken Knie flach auf dem Boden abstellen. Oberkörper nun so weit wie möglich nach rechts drehen, dabei den gestreckten linken Arm als Hebel nutzen und von rechts außen gegen das aufgestellte rechte Knie drücken. Mit der rechten Hand hinter dem Körper abstützen und die gesamte Wirbelsäule so weit wie möglich aufrichten. Bis zu 3 Minuten in dieser Position bleiben, dabei tief und regelmäßig atmen. Seiten wechseln.

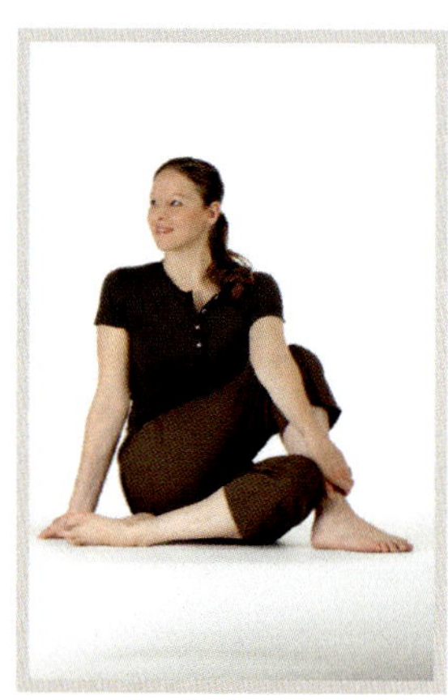

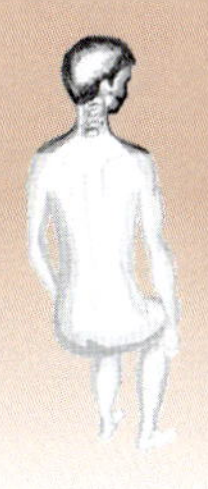

Halswirbelsäule und Schulter-Nacken-Bereich

Die Übungen für die Halswirbelsäule sind recht anspruchsvoll, da die tatsächliche Bewegung bei vielen Übungen sehr gering ist und man leicht in Versuchung gerät, zu viel zu machen. Das Wichtigste hierbei ist Ihre persönliche Wahrnehmung. Nehmen Sie sich Zeit und Ruhe, damit Sie lernen, die subtilen Veränderungen in der Spannung und Bewegung der Halswirbelsäule zu spüren. Häufig reicht schon der Gedanke aus, um eine Veränderung zu bewirken.

Das Ziel aller Übungen ist grundsätzlich, eine größtmögliche Leichtigkeit im Nacken und den oberen Kopfgelenken zu erreichen. Auf dieser Grundlage können Sie dann die vordere Halsmuskulatur sanft kräftigen. Dabei soll jedoch niemals der Raum zwischen der Schädelbasis und den Kopfgelenken verengt werden. Weiterhin ist es wichtig, die Zunge und den Mundboden so entspannt wie möglich zu halten. Lassen Sie dabei bei geschlossenen Lippen den Unterkiefer locker hängen, sodass sich die obere und untere Zahnreihe nicht berühren.

Stress, Zeitdruck und emotionale Spannungen führen bei den meisten Menschen zum Festhalten und Verspannen der Schulter-Nacken-Kopf-Region. Beobachten Sie, in welchen alltäglichen Situationen Sie dazu neigen, diese Spannungen aufzubauen und dadurch die Kopfgelenke zu blockieren. Unterlassen Sie diese Gewohnheit und geben Sie Ihrem Kopf die Chance, frei auf dem obersten Wirbel zu balancieren.

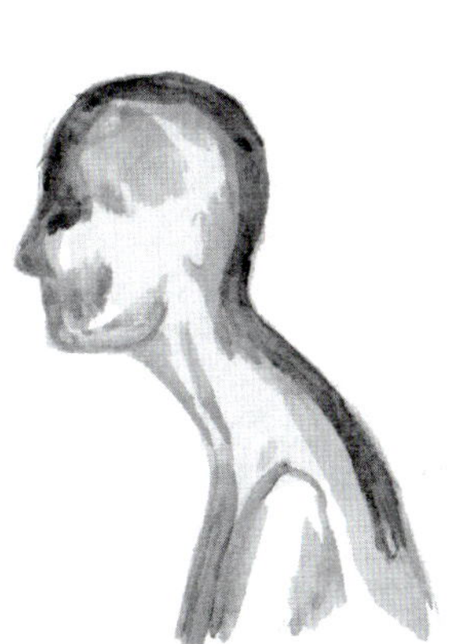

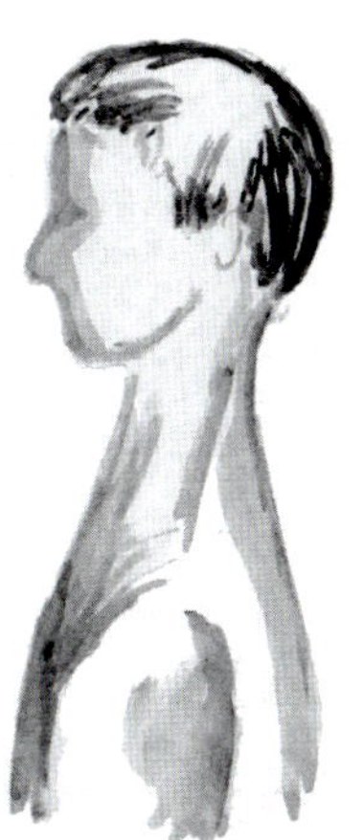

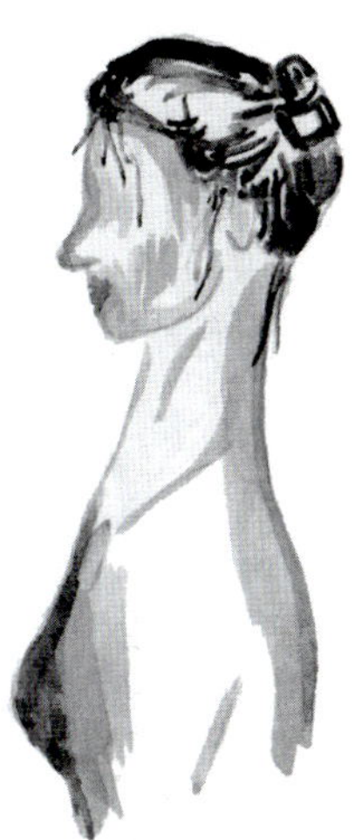

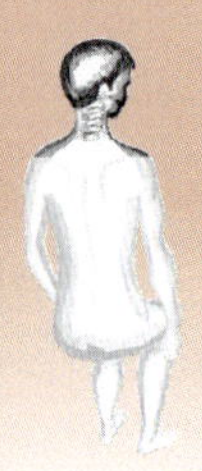

Mobilisation

Spannungslöser

Stehen oder sitzen. Beide Schultern beim Einatmen nach oben Richtung Ohren ziehen. Schnell in einem Stoß durch den Mund ausatmen. Dabei die Schultern plötzlich fallenlassen. Mit dem Ausatmen und der Schwerkraft die Spannung vom Nacken-Schulter-Übergang abfallen lassen.

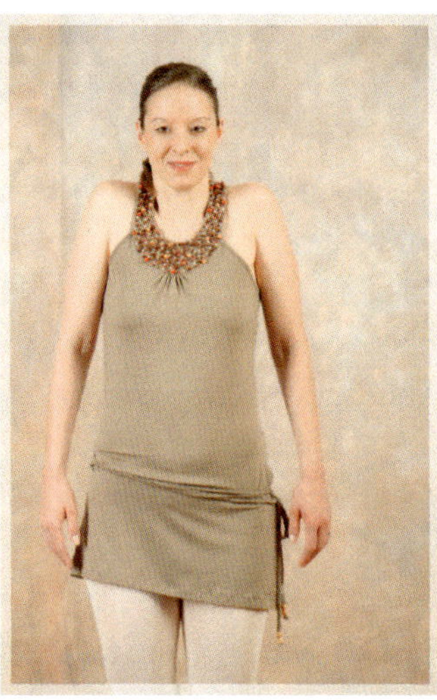

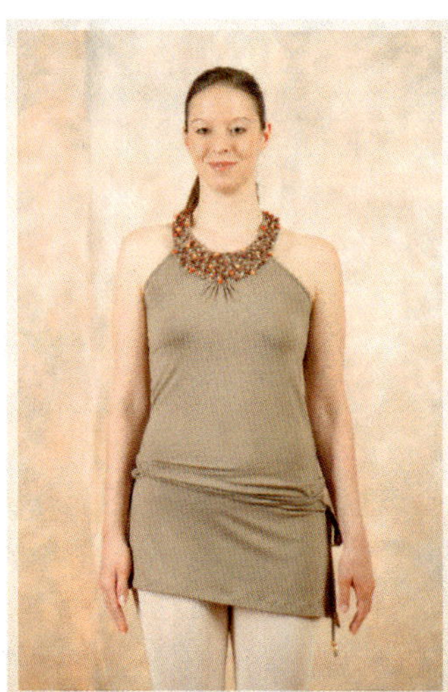

Wackeldackel

Aufrecht stehen oder sitzen. Geradeaus schauen. Ganz leicht mit dem Kopf nicken und spüren, wie der Nackenbereich direkt unter der Schädelbasis abwechselnd weit (leichtes „Doppelkinn“) und eng wird („Kopf-im-Nacken“). Die Bewegung soll sehr klein und von außen kaum sichtbar sein.

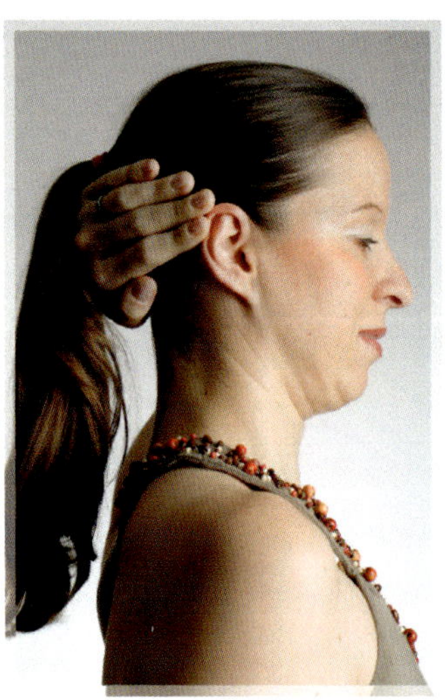

Kopf-Schleife

Aufrecht stehen oder sitzen. Mit der Übung „Wackeldackel" beginnen. In der „Doppelkinn-Position" bleiben, der Nacken ist lang. Nun den Kopf nach rechts neigen und gleichzeitig ein wenig nach links drehen. Eine Dehnspannung ist an der linken Seite der Schädelbasis spürbar. Das linke Kopfgelenk öffnet sich. Nun zur anderen Seite wechseln (Nacken lang, Seitneigung nach links, Drehung nach rechts).

Verbinden Sie beide Richtungen mit einer flüssigen Bewegung. Es ergeben sich zwei Kreise bzw. eine liegende Acht.

Je nach Größe der Schleifen hat die Übung ein anderes Ziel. Führen Sie sie daher in zwei unterschiedlichen Größen durch:

- Fast unsichtbare „Mini-Schleifen" zur Mobilisation der Kopfgelenke.
- Große, geführte Schleifen zur Mobilisation der gesamten Halswirbelsäule.

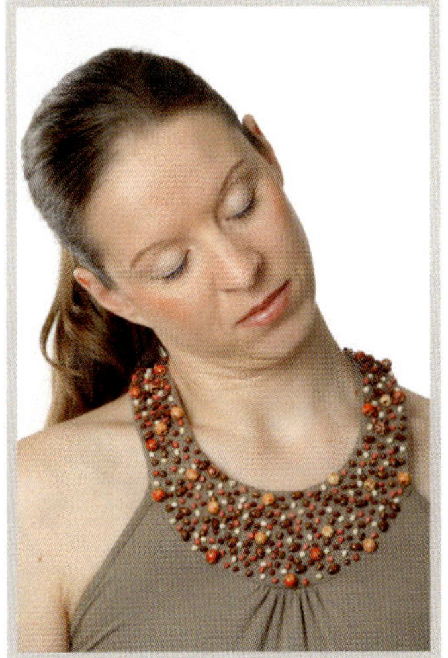

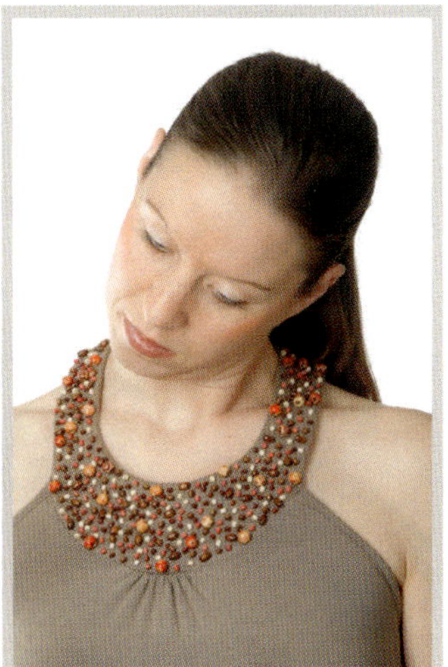

Beachte: *Verlieren Sie trotz der Drehung und Seitneigung nicht die Doppelkinn-Position.*

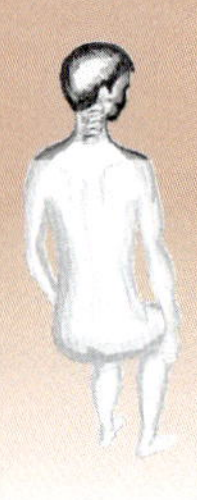

Kräftigung / Stabilisation

Die Kräftigungsübungen für die Halswirbelsäule sind nach Schwierigkeitsgrad geordnet. Gehen Sie erst dann zum nächsten Grad über, wenn Sie die vorangehenden Übungen wirklich beherrschen.

Handtuchdruck

Mit angestellten Beinen auf den Rücken legen. Ein kleines Handtuch liegt zusammengerollt unter dem Nacken. Mit dem Nacken Druck auf das Handtuch ausüben, dabei gleichzeitig die tiefe Bauchmuskulatur und den Beckenboden anspannen. Der Nacken wird hinten lang und es ergibt sich eine leichte Doppelkinnposition. 20 – 30 Sekunden halten, dabei regelmäßig weiteratmen. Es sollte eine Anspannung im Hals vorne und in der Tiefe spürbar sein, ohne dass der Kehlkopf eingeengt wird.

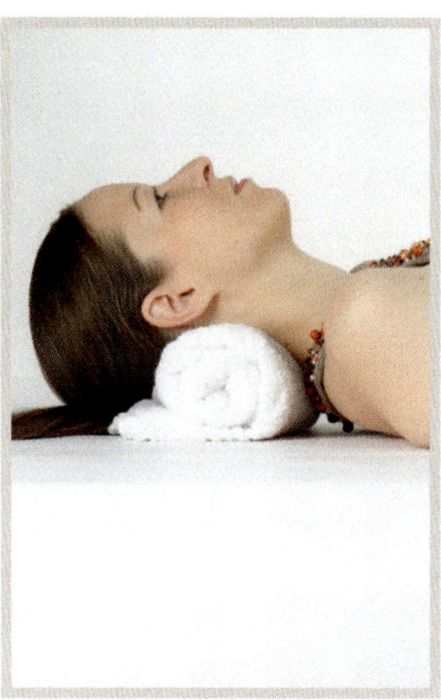

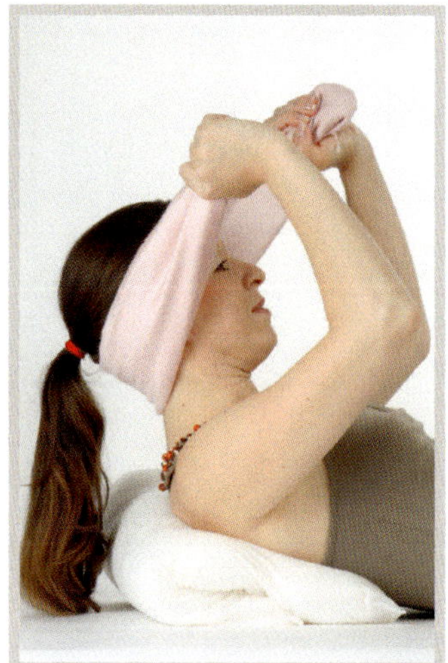

Kopfheber mit Schal

Mit angestellten Beinen auf den Rücken legen. Mehrere Kissen oder Handtücher unter den Schultergürtel legen, sodass sich ein Winkel von 20 – 45° ergibt. Den Kopf in einen Schal legen und diesen mit beiden Händen fassen. Den Beckenboden und die vordere Halsmuskulatur anspannen (Doppelkinn wie in der Übung „Handtuchdruck"). Mit dieser Spannung den Kopf leicht anheben und den Kopf durch den Zug am Schal unterstützen.

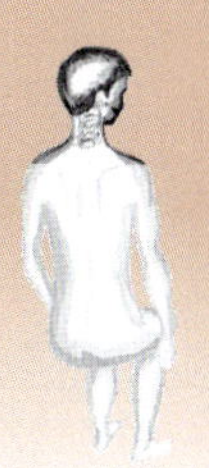

Kopfheber ohne Hilfsmittel

Sind Sie in der Lage, die Position von „Kopfheber mit Schal" 10 – 20 Sekunden zu halten, können Sie die Hilfsmittel nach und nach abbauen. Lassen Sie zuerst den Schal weg und heben Sie den Kopf alleine aus der 45°-Position. Reduzieren Sie mit der Zeit die Anzahl der Kissen, sodass Sie sich immer mehr der flachen Rückenlage annähern.

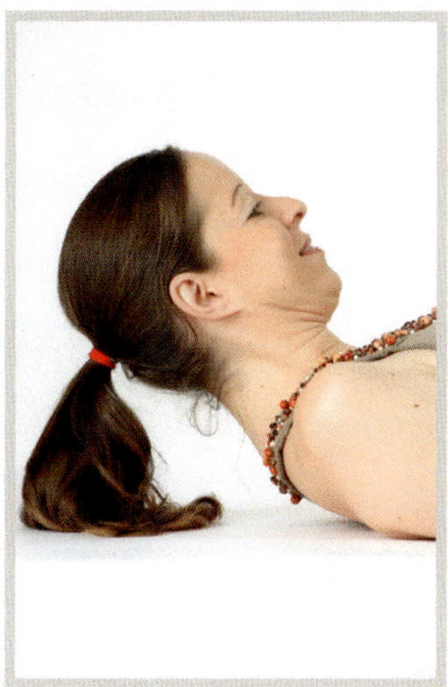

Folgende Punkte helfen bei der Kontrolle:

- Länge im oberen Nacken immer beibehalten
- Kopf bleibt in Verlängerung der Wirbelsäule (nicht nach hinten oder vorne kippen)
- Doppelkinn ohne Einengung des Kehlkopfes
- Muskuläre Anspannung im Hals vorne/innen
- Wenig Anspannung in der oberflächlichen sichtbaren Halsmuskulatur
- Zusätzliche Anspannung des Beckenbodens

Heben Sie den Kopf anfänglich nur für wenige Sekunden. Erhöhen Sie dann die Dauer, aber machen Sie diese Übung inklusive mehrerer Pausen höchstens 3–5 Minuten lang. Denken Sie immer daran: Ein Kopf wiegt ungefähr sieben Kilo!

Beachte: *Das richtige Anheben des Kopfes ist sehr schwer. Die Übungen mit Unterstützung sind für die meisten Menschen zum Training ausreichend. Gehen Sie daher nicht zu schnell zum nächsten Schwierigkeitsgrad über.*

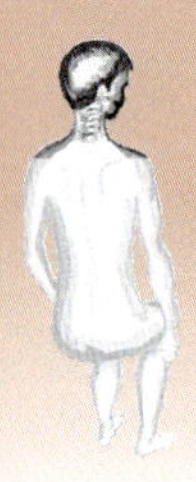

Dehnung

Absteigender Trapezmuskel

Aufrecht stehen oder sitzen. Kopf nach links neigen und die Seitneigung mit der linken Hand stabilisieren. Den rechten Ellenbogen beugen und den rechten Arm nach unten ziehen. Aus dieser Position den Kopf leicht nach rechts drehen. Dehnung 20 – 30 Sekunden halten, Seiten wechseln, jede Seite 2 – 3x wiederholen.

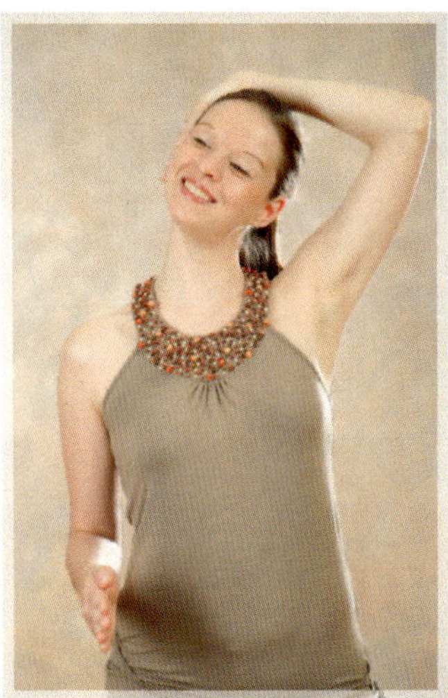

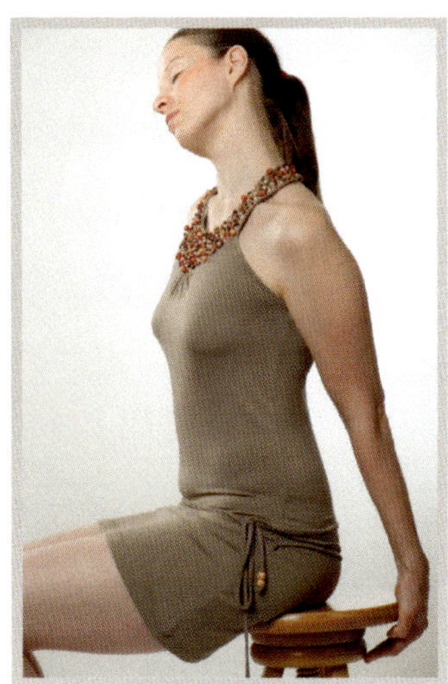

Schulterblattheber

Aufrecht auf dem Stuhl sitzen. Mit der linken Hand an das hintere Stuhlbein fassen und das linke Schulterblatt nach hinten / unten ziehen. Kopf erst nach rechts neigen, dann nach rechts drehen und leicht nach vorne beugen. 20 – 30 Sekunden halten, Seiten wechseln, jede Seite 2 – 3x wiederholen.

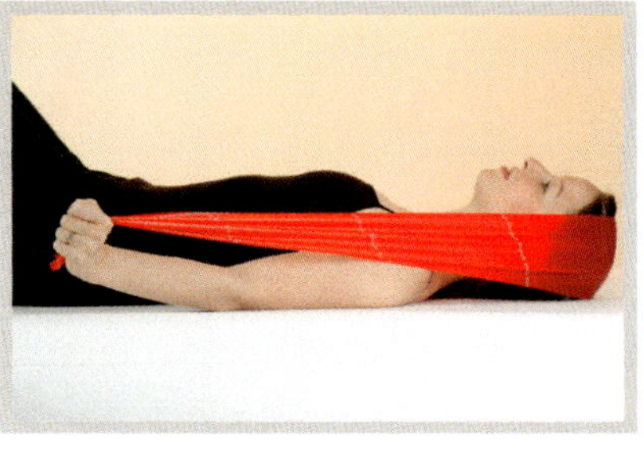

Kurze Nackenmuskeln

Mit angestellten Beinen auf den Rücken legen. Ein Gymnastikband über den Scheitel legen und leicht mit den Händen spannen. Den Kopf nach oben gegen das Band schieben und die Dehnung der kurzen Nackenmuskeln unter der Schädelbasis spüren. 20 – 30 Sekunden halten. 2 – 3x wiederholen.

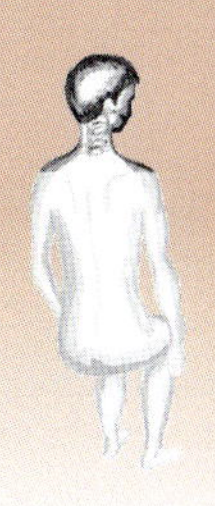

Koordination

Augenschleife

Aufrecht stehen oder sitzen. Nach links oben, dann nach links unten, später nach rechts oben und rechts unten schauen. Es findet keine äußerlich sichtbare Kopfbewegung statt. Die Schleifen nur mit den Augen beschreiben. Die zusammenhängende Bewegung ergibt eine liegende Acht.

Die kurzen Nackenmuskeln sind reflektorisch mit der Augenmuskulatur verbunden und man kann bei Augenbewegungen eine dezente Muskelbewegung in der Tiefe des oberen Nackens wahrnehmen.

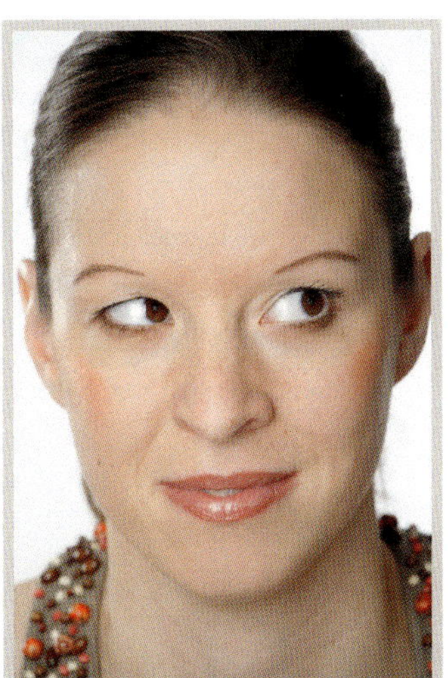

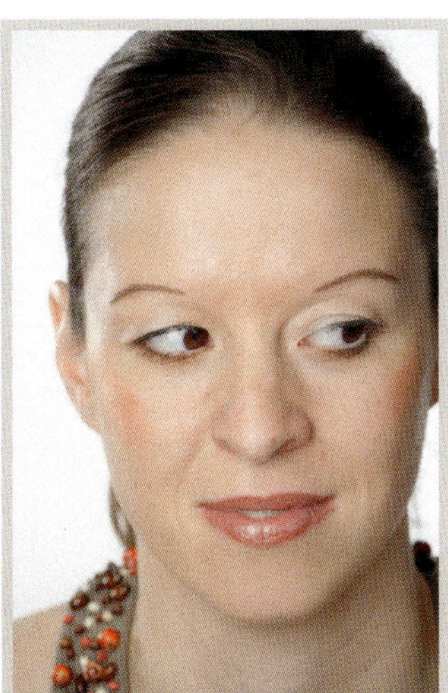

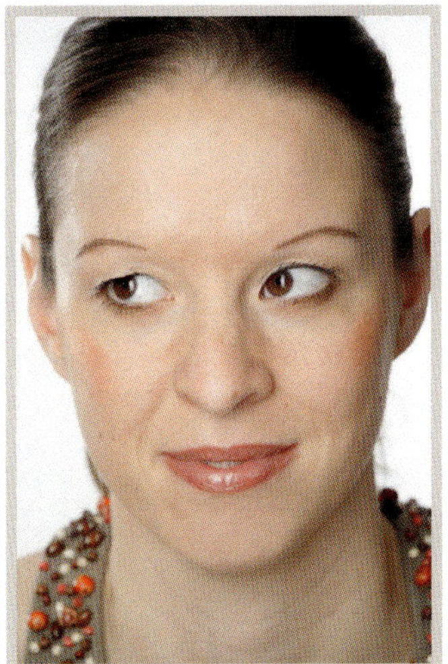

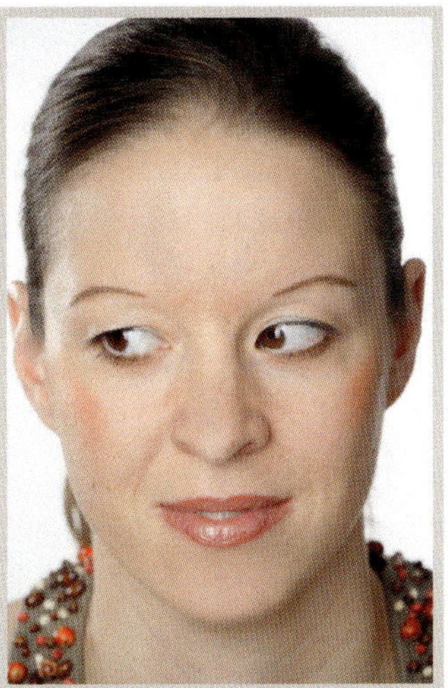

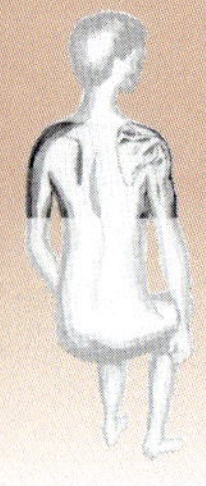

Schulter und Arm

Das Schultergelenk wird in erster Linie durch die umgebende Muskulatur stabilisiert und geführt. Dies bedeutet einerseits eine große Beweglichkeit, auf der anderen Seite ist diese Konstruktion auch anfällig für Instabilitäten, Abschwächung und funktionelle Beschwerden. Die enge Verbindung von Armbewegungen zum Schultergürtel sowie zur Brust- und Halswirbelsäule muss beim Üben des Schulterprogramms berücksichtigt werden. Wenn sich zum Beispiel die Brustwirbelsäule in einer Fehlstellung befindet, kann das Schulterblatt nicht optimal aufliegen, was wiederum eine eingeschränkte Funktion des Schultergelenkes und des Armes zur Folge hat. Schmerzen oder Koordinationsstörungen der Schulter können ihre funktionelle Ursache also häufig im Bereich des Schulterblattes oder der Brustwirbelsäule haben.

Mit den folgenden Übungen verbessern Sie die Kraft und die Koordination der Muskulatur, die das Schultergelenk zentriert. Außerdem entspannen und dehnen Sie die Muskeln, die häufig in Belastungshaltung arbeiten müssen. Da Übungen für die Schulter nur in Kombination mit Übungen für die Brust- und Halswirbelsäule sinnvoll sind, sollten Sie die Schulterübungen auch nur gemeinsam mit den Wirbelsäulenübungen aus Übungen · Brustwirbelsäule ab S. 45 und Übungen · Halswirbelsäule ab S. 57 durchführen.

Mobilisation

Windmühle

Hüftbreit stehen, die Arme hängen seitlich herab. Den linken Arm gestreckt nach hinten und oben führen. Wenn der linke Arm oben ist, mit dem rechten Arm die gleiche Bewegung beginnen. Der linke Arm führt gleichzeitig die Bewegung nach vorne fort. Es ergibt sich ein flüssiger, windmühlenartiger Bewegungsablauf.

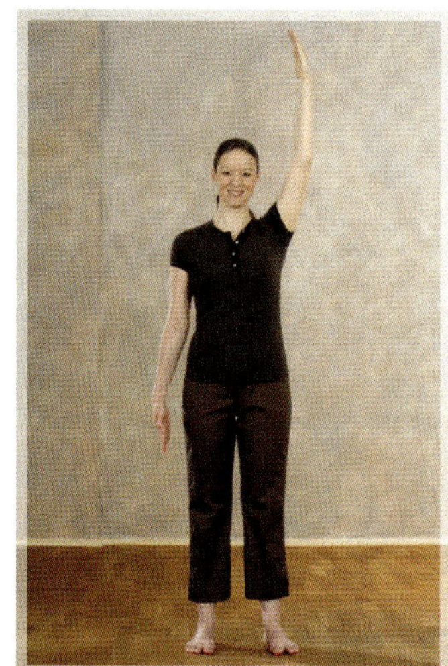

Beachte: *Lassen Sie immer beide Arme direkt nach vorne bzw. hinten zeigen und weichen Sie in der Bewegung nicht zur Seite aus. Nach einiger Zeit die Richtung wechseln.*

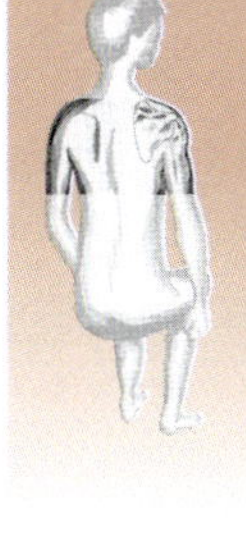

Arm-Dreher

Mit locker hängenden Armen stehen. Die Handrücken abwechselnd nach vorne und hinten drehen, die Arme bleiben dabei gestreckt hängen und es ist eine Drehbewegung im Schultergelenk spürbar.

Statt nur nach vorne und hinten zu drehen, kann die Bewegung dahingehend erweitert werden, dass man mit der Hand eine imaginäre, auf dem Boden neben dem Körper liegende Acht zeichnet. Der Handrücken führt die Bewegung dabei immer an. Der Handrücken zeigt in der Reihenfolge nach vorne/innen, vorne/außen, hinten/innen, hinten/außen und wieder nach vorne/innen.

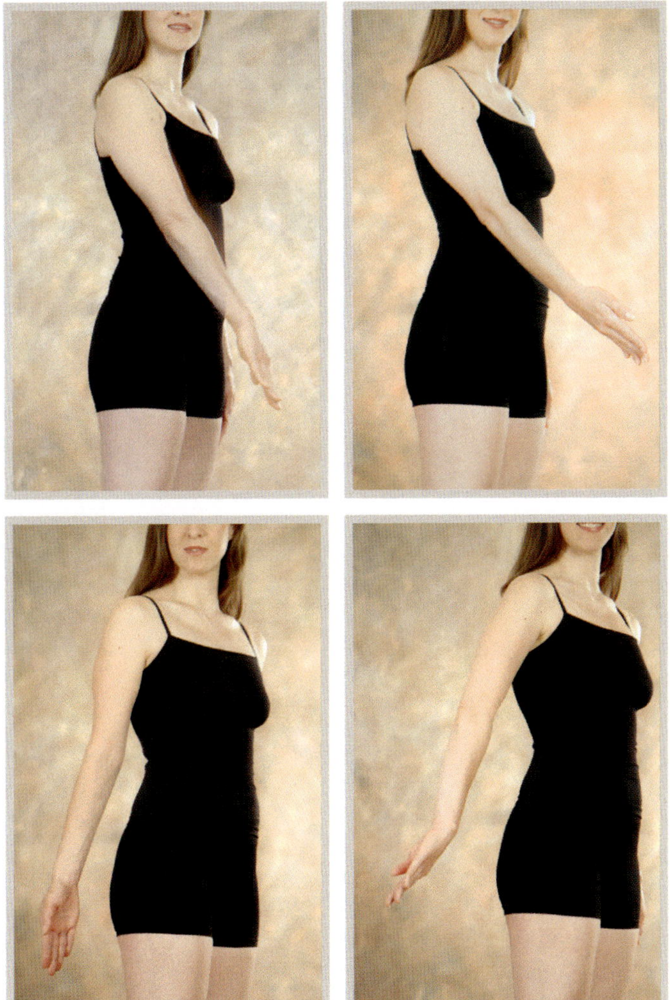

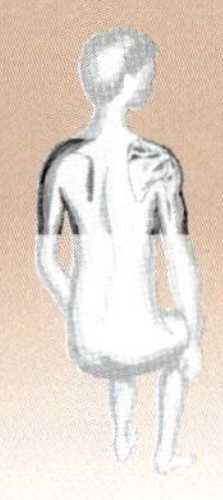

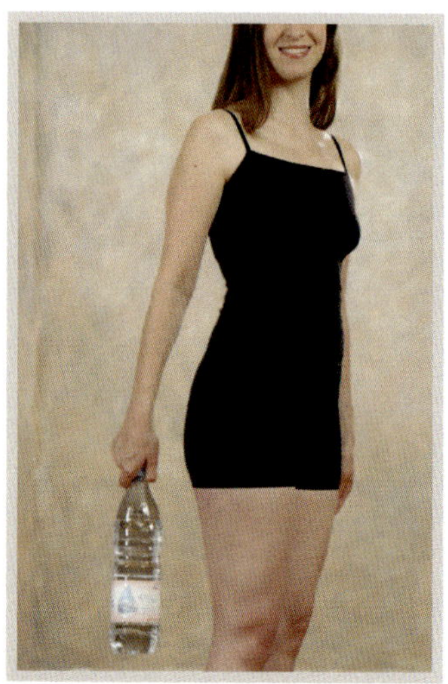

Pendeln mit Gewicht

Ein leichtes Gewicht in die Hand nehmen und mit locker herabhängendem Arm damit pendeln. Da durch den Zug die Strukturen im Schultergelenk entlastet werden, ist diese Übung besonders bei akuten Schulterschmerzen zu empfehlen. Das Gewicht nicht zu hoch wählen: Eine gefüllte Wasserflasche reicht völlig aus.

Kräftigung / Stabilisation

Außenrotation

Auf dem Hocker sitzen. Gymnastikband zwischen den Händen spannen. Die Oberarme liegen am Körper an, die Ellenbogen sind gebeugt. Gegen den Zug des Bandes Hände und Unterarme zu den Seiten nach außen ziehen.
3 x 15 Wiederholungen.

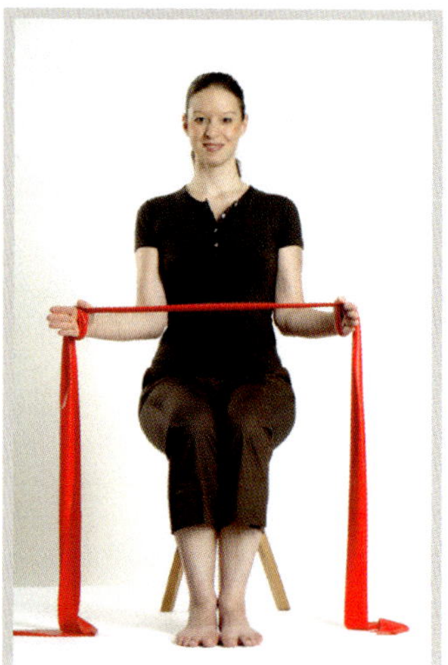

Beachte: *Die Oberarme und Ellenbogen sollen die ganze Zeit am Körper anliegen. Die Bewegung soll aus der hinteren Schultermuskulatur und nicht aus dem Rücken heraus kommen. Weichen Sie daher nicht ins Hohlkreuz aus.*

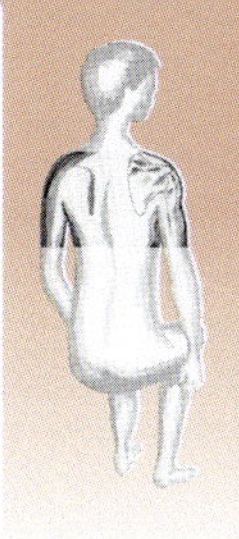

Armzug

Seitlich zur Tür stehen. Das Gymnastikband ist an der Türklinke befestigt. Das Band greifen und so weit von der Tür entfernt hinstellen, dass der gestreckte Arm einen Winkel von ca. 60° zum Körper bildet und eine leichte Spannung auf dem Band ist. Den Arm gegen den Zug des Bandes zum Körper ziehen und den Arm dabei etwas nach innen drehen. Sobald der Arm wieder zurück nach oben geht, dreht er nach außen. Bei dieser Bewegung sollte die Schulter innerlich leicht nach unten gleiten (siehe Übung „Ellenbogenschieber" S. 51). 3x 15 Wiederholungen.

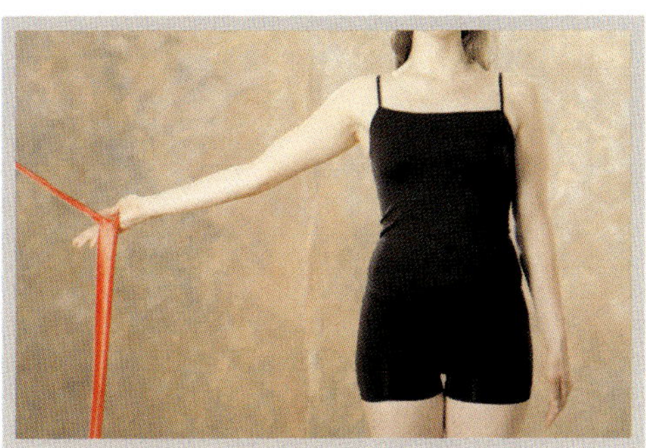

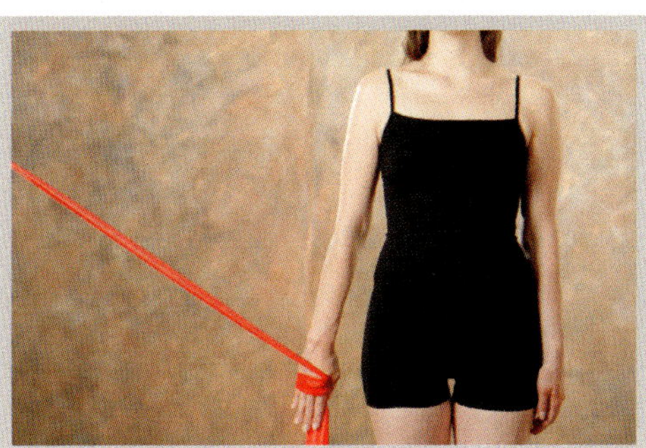

Beachte: *Die Bewegung zum Körper hin und die Innendrehung erfordern Kraft und gute Kontrolle. Achten Sie darauf, dass die Schulter bei diesen beiden Bewegungen nicht nach vorne fällt. Im Gegensatz dazu sind die Bewegung nach oben und die Außendrehung koordinativ schwieriger durchzuführen. Legen Sie zur Kontrolle die andere Hand auf die Schulter, damit Sie die leichte Bewegung nach unten im Schultergelenk spüren können.*

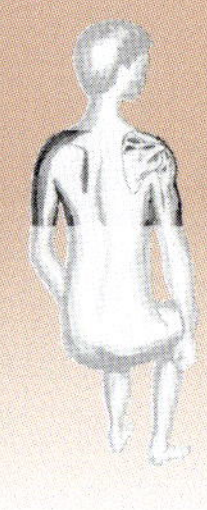

Schulterzentrierung

Auf dem Rücken liegen. Der Arm liegt in einem 40-60°-Winkel zum Körper auf dem Boden. Das Gymnastikband ist an einem festen Gegenstand (Klavier, Heizung) befestigt. Das Band relativ straff fassen. Den Arm vom Gymnastikband passiv Richtung Füße ziehen lassen und den Zug im Schultergelenk spüren. Nun aus dem Schultergelenk heraus den gestreckten Arm gegen den Bandwiderstand zurückziehen. Die Bewegung ist gering und umfasst nur ca. 1 cm.

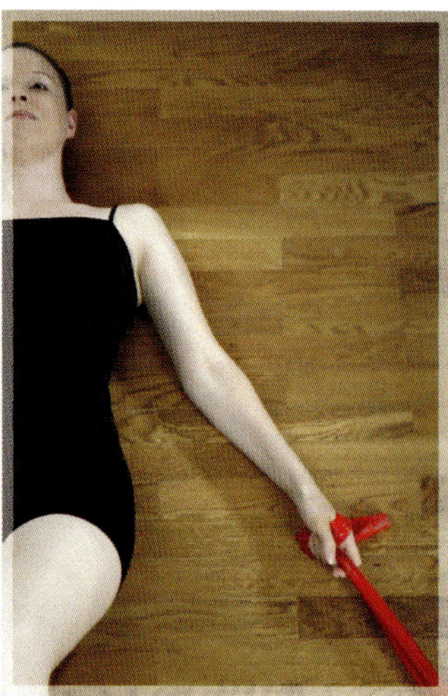

Beachte: *Ziehen Sie nicht den gesamten Schultergürtel Richtung Ohren. Legen Sie zur Kontrolle die andere Hand auf den Schulter-Nacken-Übergang. Dort soll keine Anspannung spürbar sein. Die erforderliche Arbeit kommt aus der tiefen Muskulatur, die direkt auf der Oberarmkugel liegt.*

Stabilisation mit Gerät

Stabilisationsgeräte wie der „ProprioMed“, „Powerswing“ oder „Flexibar“ (s. S. 139 im Anhang) eignen sich hervorragend für ein Training der Schultermuskulatur. In Praxen, Studios oder Sportvereinen gibt es häufig Kurse oder die Möglichkeit, mit diesen Geräten zu trainieren.

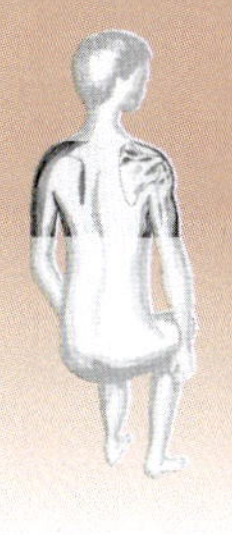

Dehnung

Rückwärtiger Bereich des Schultergelenkes

Sitzen oder stehen. Ellenbogen beugen. Den rechten Ellenbogen links neben den linken Unterarm bringen und mit dem linken Arm den rechten so weit wie möglich nach links und zum Körper ziehen, ohne jedoch im Oberkörper nach links zu drehen. Die Dehnung sollte rechts im hinteren und seitlichen Bereich der Schulter und auf dem Schulterblatt spürbar sein. 20 – 30 Sekunden halten, Seiten wechseln.

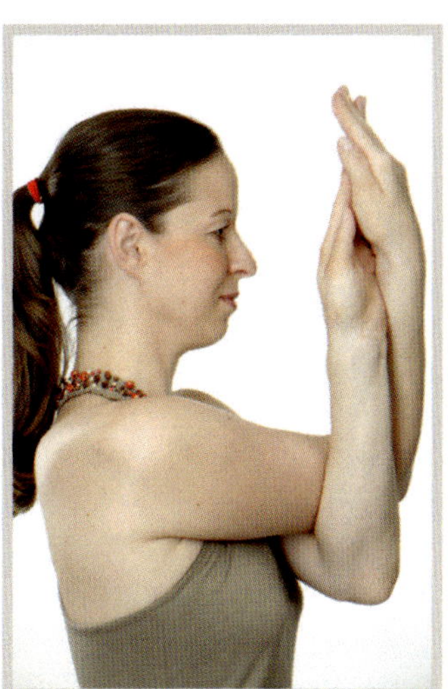

Beachte: *Spüren Sie zwischen den Schulterblättern oder an der Wirbelsäule ein stärkeres Ziehen als auf dem Schulterblatt, ist diese Übung für Sie nicht optimal. Versuchen Sie in diesem Fall die folgende Variante:*

Mit dem rechten Arm seitlich an der Wand stützen (siehe auch „Seitstütz an der Wand" S. 51) und mit dem Körper weit nach rechts zur Wand drehen. Während der Drehung zur Wand sollte die Dehnung im hinteren Schulterbereich spürbar sein. Anschließend die Seiten wechseln.

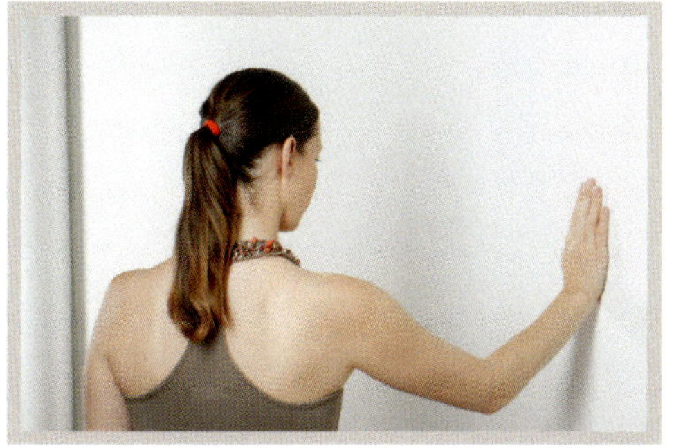

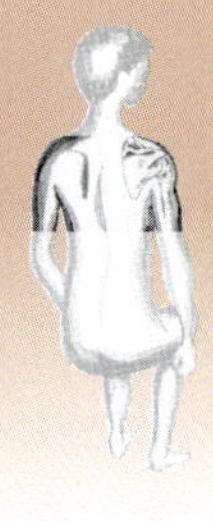

Vorderer Schulterbereich

Mit angestellten Beinen auf dem Rücken liegen. Die Hände sind gefaltet und zeigen mit gestreckten Armen zur Decke. Arme und Hände weiter nach oben ziehen, so dass sich die Schulterblätter vom Boden lösen. Dann in Zeitlupe die Schulterblätter wieder zum Boden sinken lassen. Die Bewegung geht dabei nach hinten / unten / außen. Spüren, wie der Schultergürtel breit wird und sich der Bereich um das Schlüsselbein herum öffnet. 10 – 15 sehr langsame Wiederholungen.

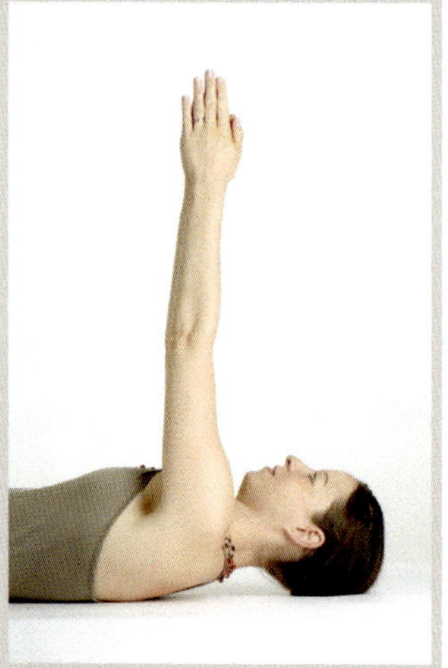

Handkontakt

Aufrecht stehen oder sitzen. Die Handflächen hinter dem Rücken zusammenbringen, die Fingerspitzen zeigen dabei nach oben. Nun die Hände so weit wie möglich nach oben Richtung Kopf ziehen. Diese Übung erfordert nicht nur in den Schultergelenken, sondern auch in den Handgelenken große Beweglichkeit. Am Anfang werden Sie vielleicht Mühe haben, die Handflächen überhaupt aneinander zu bringen. Arbeiten Sie sich einfach nach und nach vor.

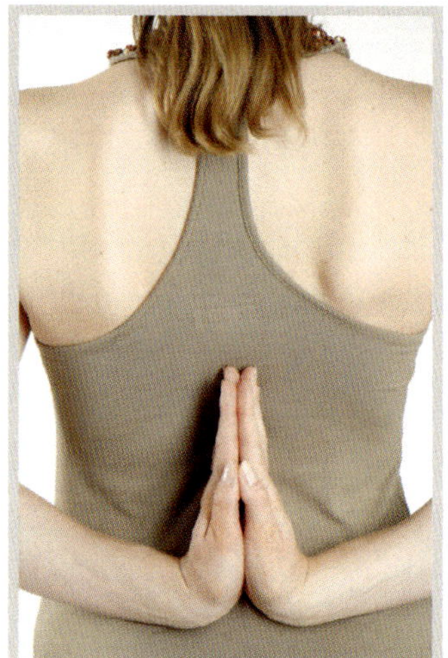

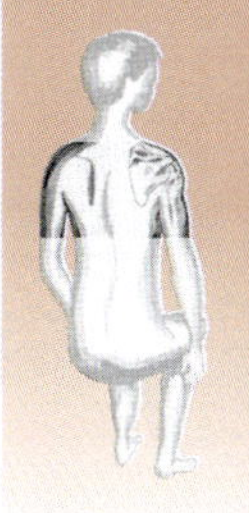

Nachlassen mit Gymnastikband

Auf dem Gymnastikband stehen. Das Band mit beiden Händen so fassen, dass der Zug mit gestreckten Armen sehr stark ist. Dann beide Schultern gegen den Zug des Bandes nach oben Richtung Ohren hochziehen und sie dann in Zeitlupe wieder nach hinten / unten / außen sinken lassen. Das Gymnastikband möchte die Schultern schnell wieder zurückziehen, dies soll jedoch nicht geschehen. Nur durch die extrem langsame Bewegung wird die Muskulatur zum Nachlassen aufgefordert. 10 – 15 langsame Wiederholungen.

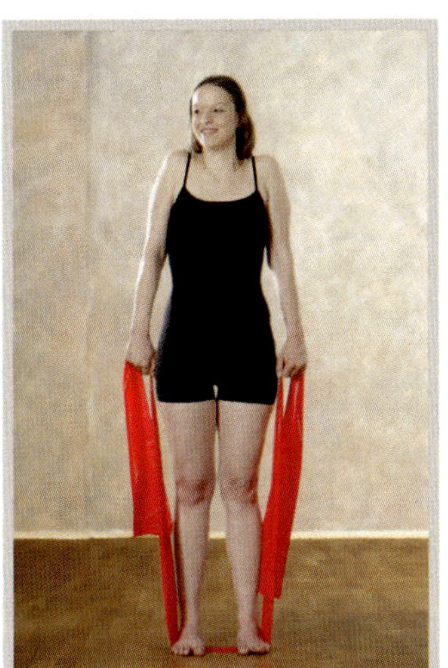

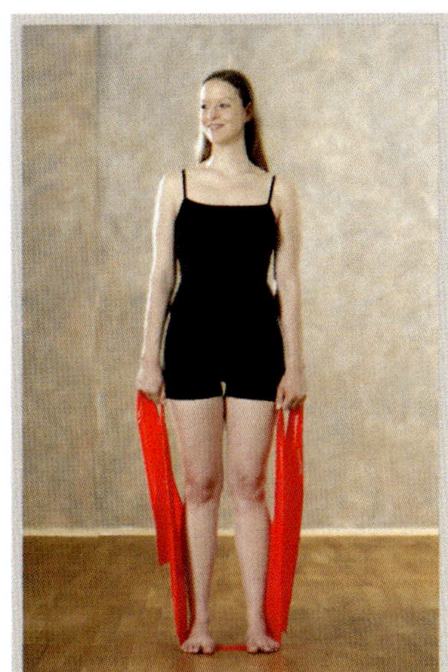

Dehnungen aus dem Abschnitt Halswirbelsäule

Schmerzen im Schultergelenk führen zu Ausweichbewegungen, die sich dann wiederum in Verspannungen äußern können. Besonders die Muskulatur, die die Schulter und die Halswirbelsäule verbindet, ist hiervon betroffen. Mit den Dehnungen aus Übungen · Halswirbelsäule ab S. 62 können Sie diese Verspannungen gut lösen.

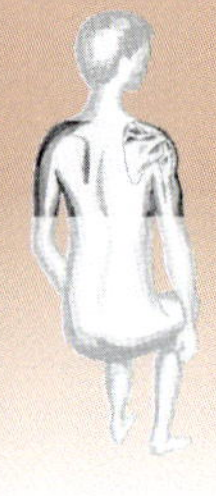

Koordination

Buchstütz

Mit angestellten Beinen auf dem Rücken liegen. Ein Buch auf die Handfläche legen. Die Finger zeigen zum Kopf, der Arm ist gestreckt. Den Ellenbogen beugen und die Schulter nach oben Richtung Ohr ziehen. Nun das Schulterblatt und die Schulter Richtung Füße nach unten und leicht nach außen schieben, während sich der Ellenbogen wieder streckt. 10 – 15 Wiederholungen. Seiten wechseln.

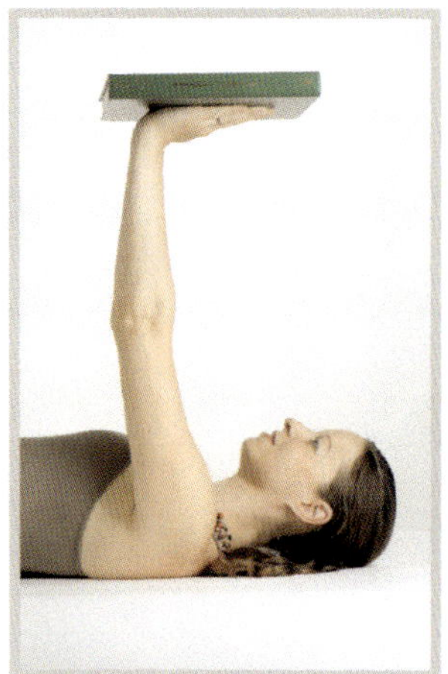

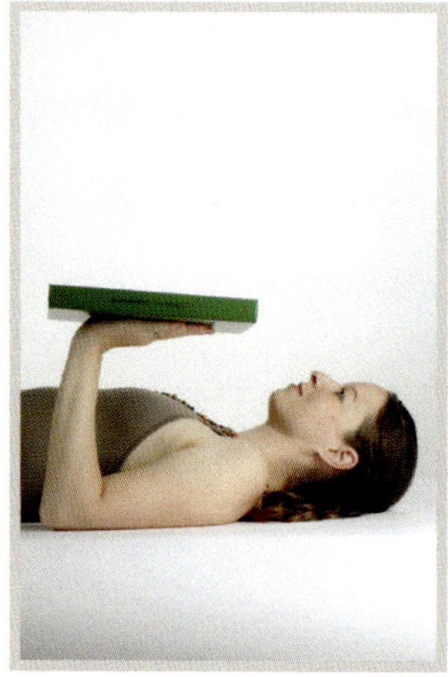

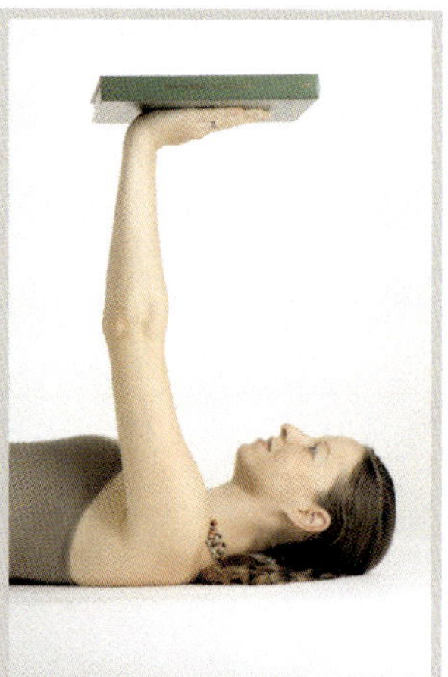

Beachte: *Schwerpunkt dieser Übung ist die Koordination zwischen Armstreckung und Schulterbewegung. Beide Bewegungen sollten möglichst flüssig ausgeführt werden.*

Kreise an der Wand

Seitlich zur Wand stehen. Die Hand befindet sich auf Schulterhöhe etwas vor der Schulter und hält einen mittelgroßen Ball an der Wand. Mit dem Ball kleine Kreise an der Wand beschreiben, dabei bleibt das Schulterblatt hinten / unten / außen und das Schultergelenk zentriert. 20 Kreise in jede Richtung, dann die Seiten wechseln.

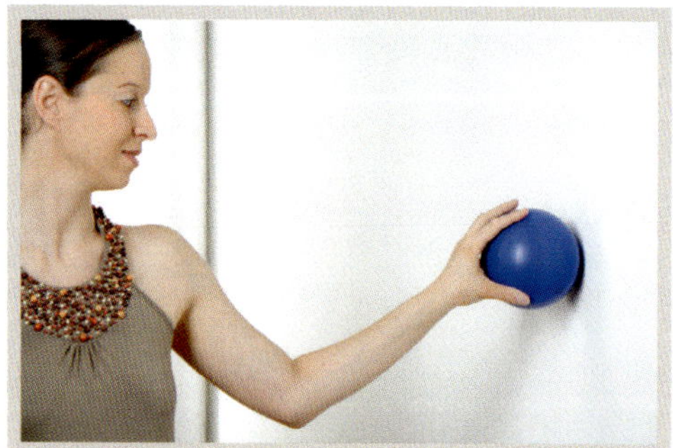

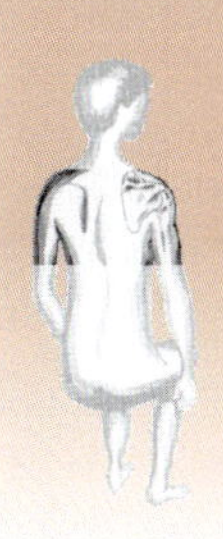

Armkreise

Einen Schritt von der Wand entfernt stehen. Der gesamte Rücken und die Schulterblätter liegen an der Wand an. Beide Arme nach vorne heben und sie in großen Kreisen vor dem Körper bewegen. Die Schulterblätter gleiten dabei an der Wand entlang, entfernen sich jedoch nicht von ihr. Auch der Rücken hebt nicht von der Wand ab. 7 – 10 Kreise in jede Richtung.

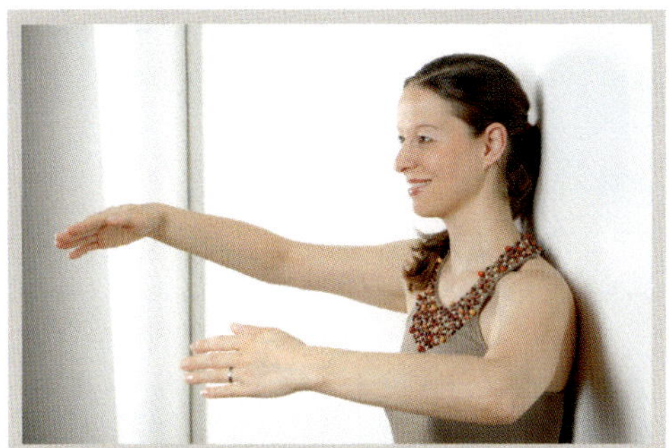

Variante: Zur Erleichterung können Sie die Ellenbogen beugen.

Armlänge

Einen Schritt von der Wand entfernt stehen. Der gesamte Rücken liegt an der Wand an. Kopf und oberen Rücken beugen. Die Schulterblätter lösen sich dabei von der Wand. Die Arme hängen entspannt nach unten und drehen in den Schultergelenken nach innen. Dann langsam Wirbel für Wirbel aus dieser Position wieder aufrichten. Die Schulterblätter orientieren sich nach hinten/unten/außen. Die Arme während der Aufrollbewegung zu den Seiten heben und sie in den Schultergelenken etwas nach außen drehen, sodass die Daumen zur Decke zeigen.

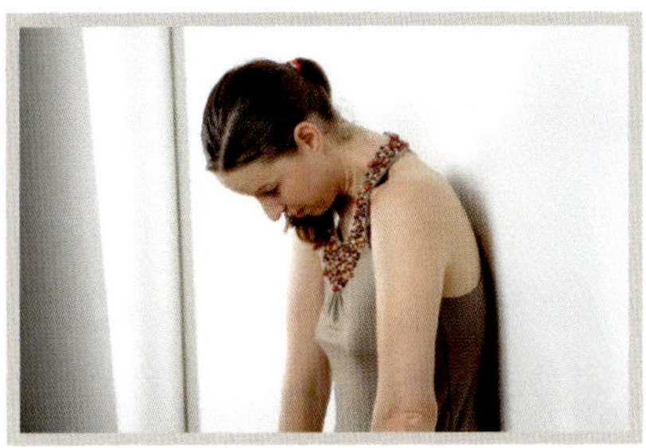

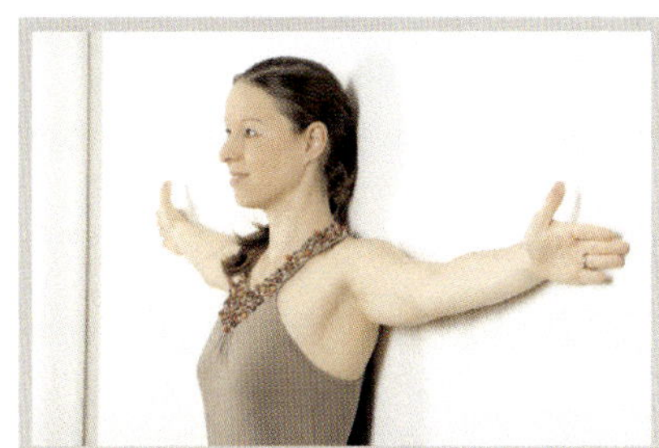

Beachte: *Das Aufrollen der Wirbelsäule und die Armbewegung sollen gleichzeitig und in einer fließenden Bewegung erfolgen. Stellen Sie sich vor, dass die Arme schon am Brustbein beginnen und spüren Sie die Breite im vorderen Brustbereich sowie die Leichtigkeit der Arme.*

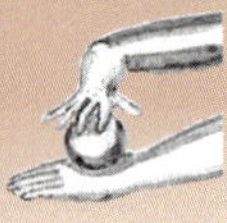

Unterarm, Handgelenk, Hand und Finger

Hände und Finger sind der Bereich, dem man als Musiker am meisten Beachtung schenkt. Nicht zuletzt deshalb, da die Hand das Organ ist, das, abgesehen von den Lippen der Bläser, direkten Kontakt zum Instrument hat. Durch Fingersätze und Technikübungen wird der Fokus auf Hände und Finger noch verstärkt. Funktionell gesehen ist die Hand jedoch nur ein Teil der gesamten oberen Extremität und kann auch nur dann optimal ihre Kraft und Beweglichkeit entfalten, wenn der restliche Arm koordiniert arbeitet. Achten Sie daher auch bei den Handübungen auf eine aufrechte Haltung und ein stabilisiertes Schulterblatt.

Weiterhin kann das Spannungsverhältnis zwischen Handbinnenmuskulatur und der Muskulatur des Unterarmes schnell ins Ungleichgewicht geraten. Besonders bei Kraft fordernden Stellen neigt man dazu, zuviel aus den Unterarmen und zu wenig aus der Hand selbst heraus zu arbeiten. Ein Schwerpunkt der Übungen dieses Kapitels liegt daher auf dem Aufbau eines kräftigen Handgewölbes und der Dehnung und Entspannung der häufig überlasteten langen Unterarmmuskeln.

Mobilisation

Handgelenkkreisen

Mit aufgestütztem Ellenbogen am Tisch sitzen. Mit der rechten Hand den linken Unterarm fixieren. Im linken Handgelenk abwechselnd beugen und strecken, wobei die Finger locker folgen. Diese Bewegung mit einer leichten Kreisbewegung kombinieren: Beim Nachobenziehen des Handrückens die Hand gleichzeitig etwas drehen, sodass die Handinnenfläche sichtbar wird. Die Finger bleiben dabei locker gebeugt. Beim Beugen des Handgelenkes auch die Handfläche wieder etwas zurückdrehen. 2x 15 Wiederholungen pro Hand.

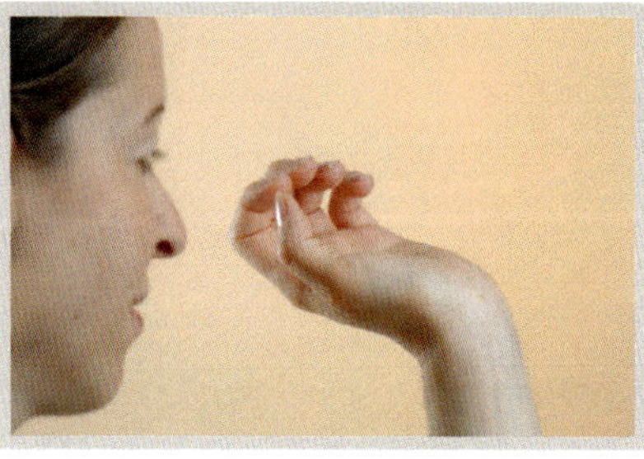

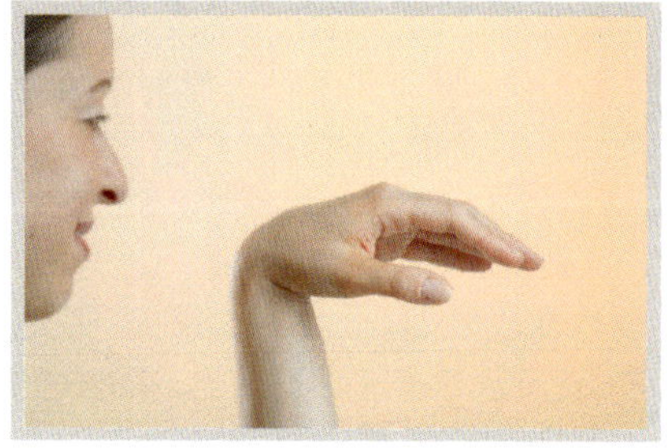

Beachte: *Die Drehung ist nur sehr gering und soll nicht aus dem Unterarm kommen. Fixieren Sie den Unterarm daher gut mit der anderen Hand.*

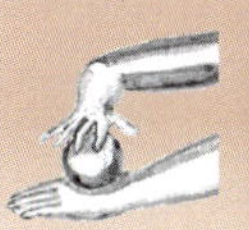

Gefaltete Hände I

Stehen oder Sitzen. Die Handflächen liegen aneinander. Die Hände befinden sich auf Brusthöhe. Nun die Hände so weit wie möglich nach unten ziehen, ohne dass sich die Handballen voneinander entfernen. Die Hände in einer flüssigen Bewegung auf und ab bewegen. Der Rücken bleibt dabei aufrecht. Die Schultern fallen nicht nach vorne. 15 – 20 Wiederholungen.

Gefaltete Hände II

Stehen oder sitzen. Die Hände kreuzen und die Handflächen aufeinander legen, dabei die Finger verschränken. Immer abwechselnd mit der einen Hand die andere in eine maximale Handgelenksbeugung ziehen. 15 – 20 Wiederholungen.

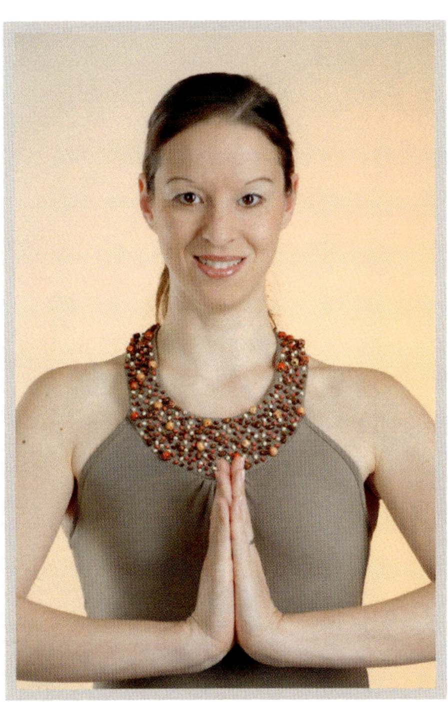

I

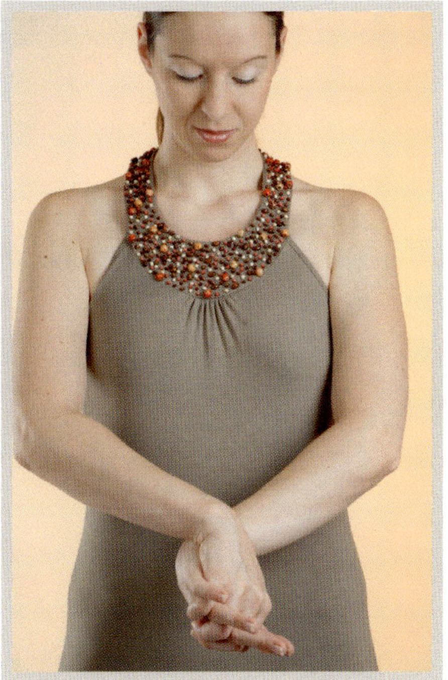

II

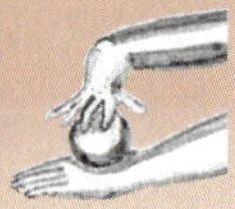

Kräftigung / Stabilisation

Griff mit langen Fingern

Die gestreckten Finger im Grundgelenk beugen, sodass Finger und Daumen annähernd parallel stehen. Nun zwischen den Fingern und dem Daumen Druck ausüben, als würde man einen imaginären Gegenstand zerdrücken. Der Handrücken wölbt sich dabei leicht auf. Die Kraft kommt bei dieser Übung aus der Mittelhand und nicht aus den Fingern. Seiten wechseln. 3x 15 Wiederholungen.

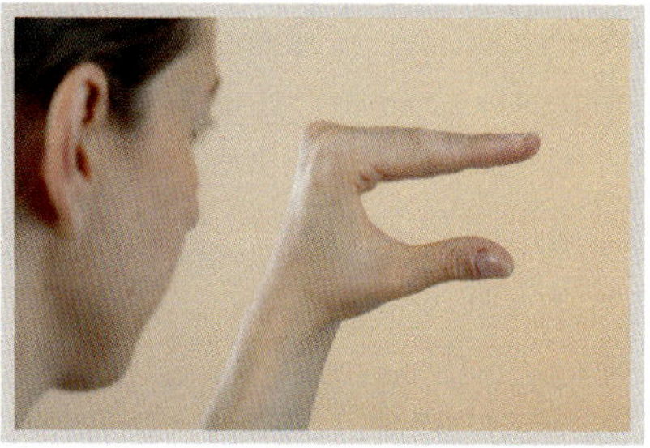

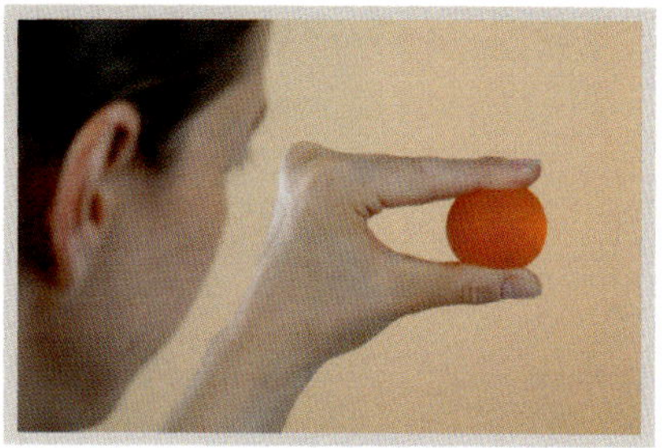

Variante: Sie können als Widerstand auch eine Tischplatte, ein Handtrainingsgerät oder Ihren eigenen Unterarm verwenden.

Handgewölbe

Mit aufliegender Hand am Tisch sitzen. Die gesamte Handfläche hat Kontakt mit der Tischplatte. Die Mitte der Handfläche vom Tisch lösen, dabei wölbt sich der Handrücken kuppelförmig nach oben. Die Handwurzel, die Handseiten und die Fingerspitzen behalten den Kontakt zum Tisch. Die Knöchel der Fingergrundgelenke sind der höchste Punkt. Spannung 20 – 30 Sekunden halten. Pro Hand 5x wiederholen.

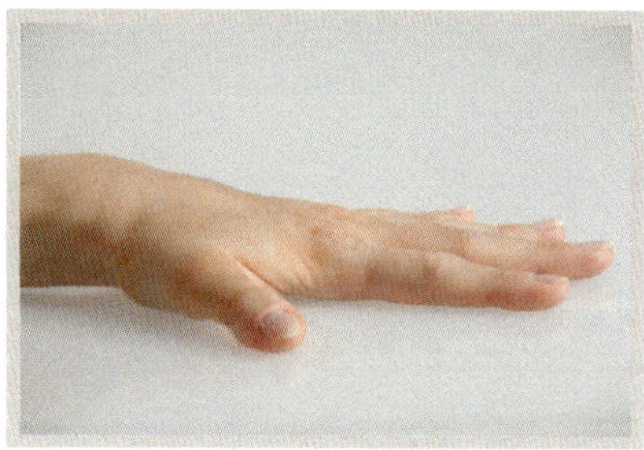

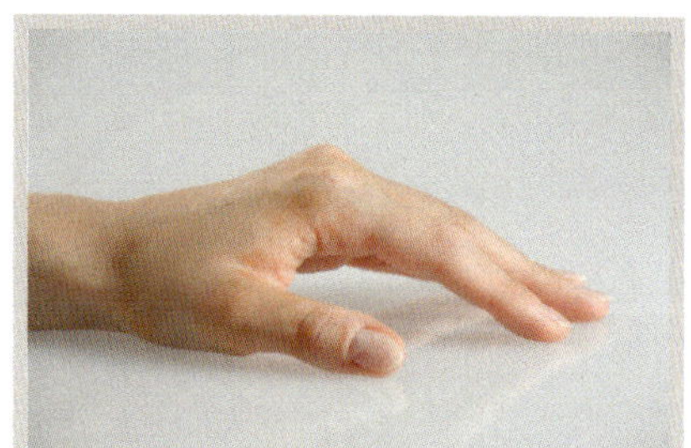

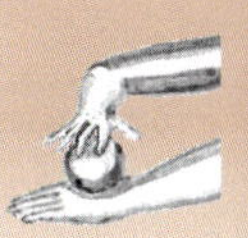

Handgewölbe mit Gymnastikband

Mit dem Gymnastikband eine Schlinge knoten und um den Daumen und kleinen Finger binden, wobei sich das Band auf dem Handrücken kreuzt. Gegen den Zug des Bandes das Handgewölbe wie in der vorherigen Übung aufbauen und die Spannung 20 – 30 Sekunden halten. Fünf Wiederholungen pro Hand.

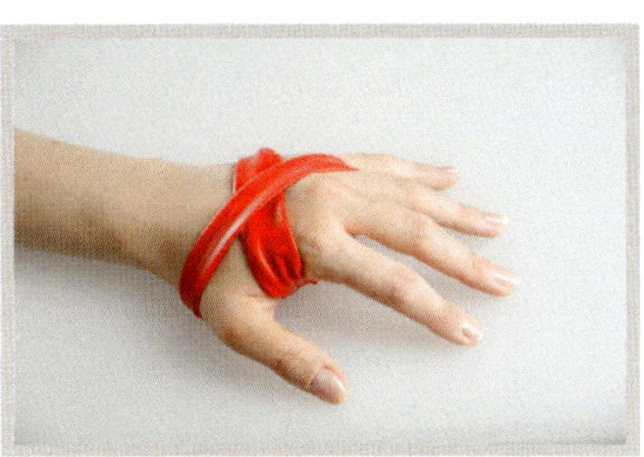

Fingerstabilität

Hand mit stabilem Handgewölbe auf dem Tisch ablegen. Mit dem Zeigefinger einen kräftigen Druck auf den Tisch ausüben und die anderen Finger leicht abheben. Das Handgewölbe darf dabei auf keinen Fall einsinken. Die gesamte Knöchelreihe der Fingergrundgelenke soll harmonisch gewölbt bleiben. Auch die Mittel- und Endgelenke des Fingers, der den Druck ausübt, sollen nicht einknicken. Nacheinander mit jedem Finger (I – V) beider Hände üben.

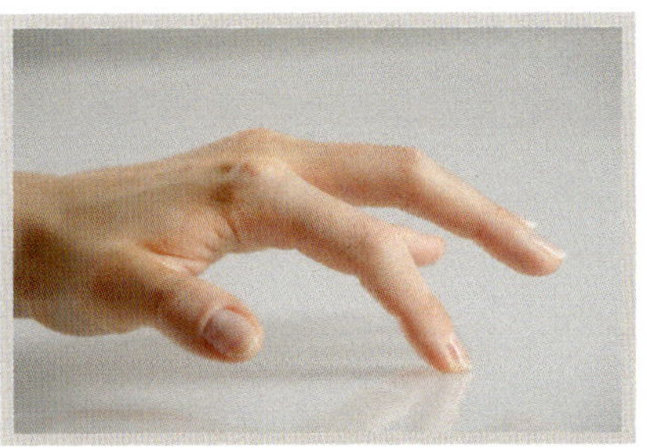

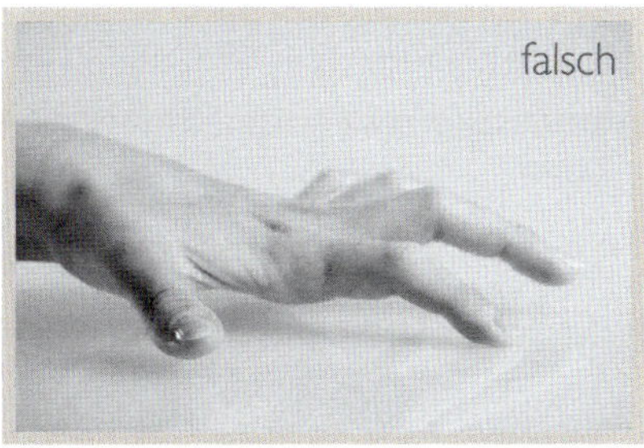
falsch

Variante: Den Druck auf einen labilen Gegenstand, z. B. „Press Egg“ ausüben. Hier ist zusätzlich noch Stabilität für den Daumen gefordert.

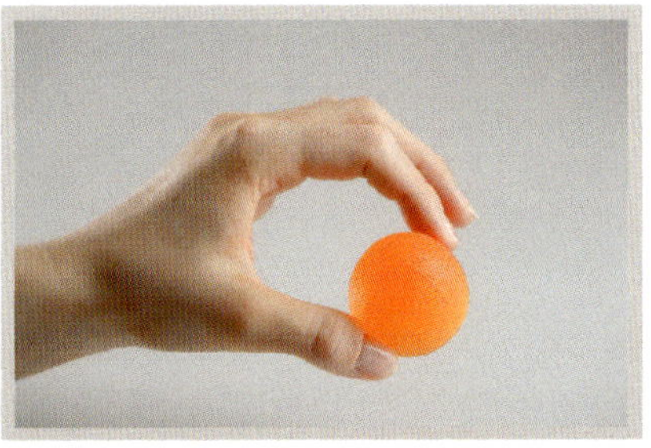

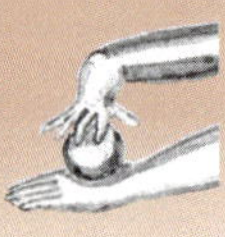

Sphinx

Auf den Fersen sitzen. Die Unterarme liegen auf dem Boden auf. Darauf achten, dass der Mittelfinger mit dem Unterarm eine möglichst gerade Linie bildet. Das Handgewölbe aufbauen. Langsam in den Vier-Füßler-Stand kommen und die Schulterblätter stabilisieren. Je mehr Gewicht auf der Hand lastet, desto schwieriger wird es, das Gewölbe aufrechtzuerhalten. Daher nur so weit vor gehen, wie die Stabilisierung in der Hand beibehalten werden kann. 5 – 10 Wiederholungen.

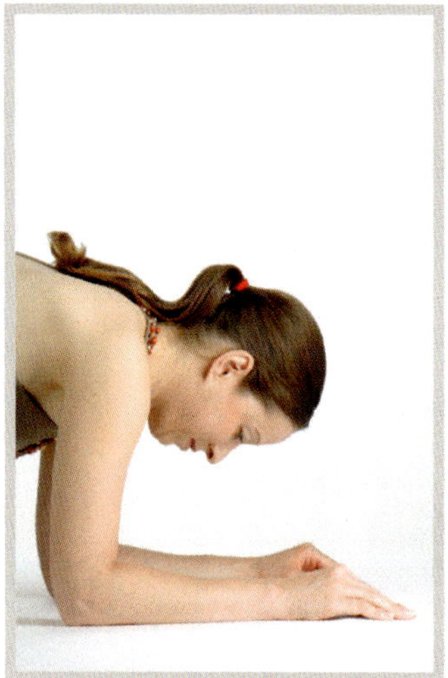

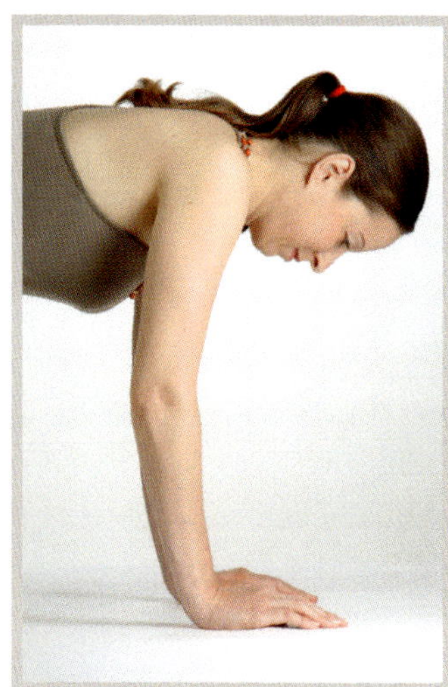

Handgelenkstabilität mit Gymnastikband

Gymnastikband knoten, sodass eine kleine Schlaufe entsteht. Den rechten kleinen Finger in die Schlaufe einhängen. Das Band über den Handrücken und die Innenseite des Unterarmes führen und mit der linken Hand auf Höhe des rechten Ellenbogens straff gegenhalten. Nun den rechten Arm gegen den Zug des Bandes nach vorne hinaus schieben. Die Handfläche zeigt dabei immer zur Decke. 3 x 15 Wiederholungen. Seiten wechseln.

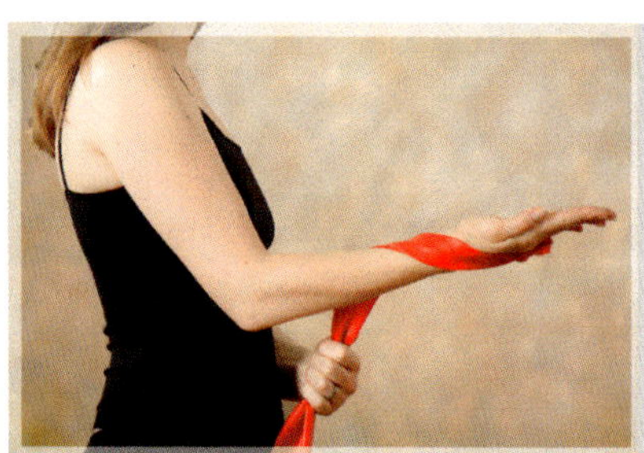

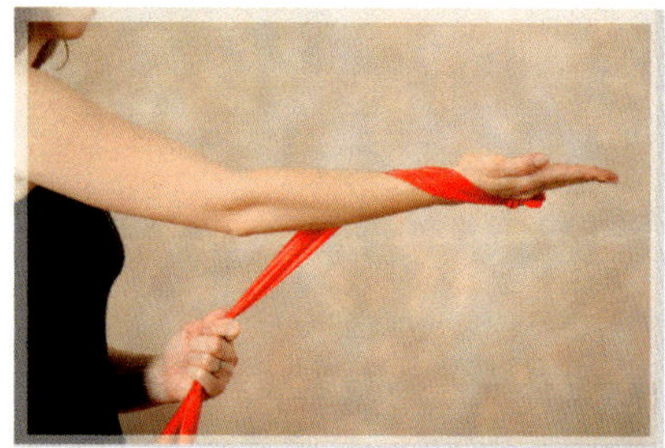

Beachte: *Der Zug des Bandes muss relativ stark sein. Das Handgelenk soll weder nach oben oder unten noch zu den Seiten abknicken. Vor allem der kleine Finger selbst und die Kleinfingerseite des Handgelenkes müssen gut stabilisiert werden.*

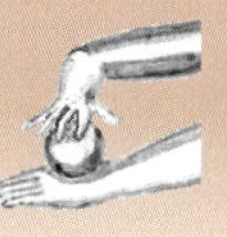

Dehnung

Lange Beuger

Sitzen oder stehen. Mit der linken Hand die Finger und das Handgelenk der rechten Hand in maximale Streckung bringen. Die Fingerspitzen zeigen dabei nach unten. Der Ellenbogen ist gebeugt. Langsam den rechten Ellenbogen strecken, ohne dabei die Position der rechten Hand und der Finger aufzugeben. 20 – 30 Sekunden halten. Jede Seite 2 – 3x wiederholen.

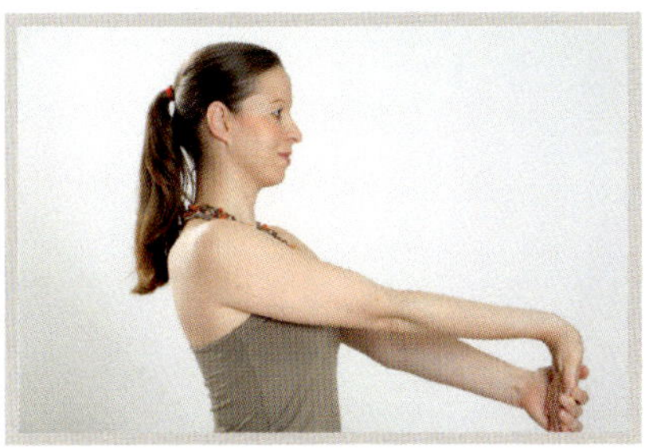

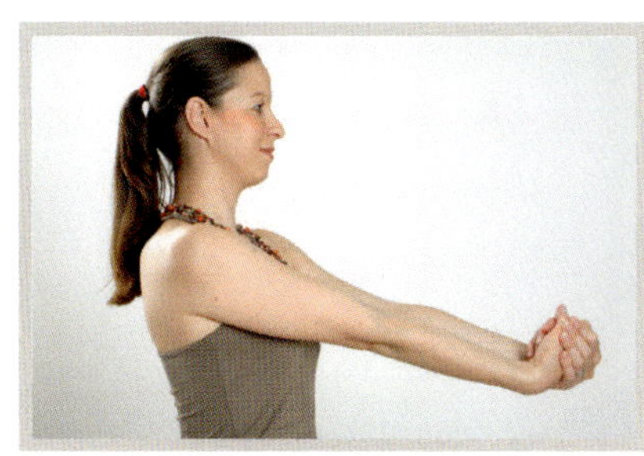

Lange Strecker

Sitzen oder stehen. Mit der rechten Hand eine Faust machen, diese mit der linken Hand umfassen und das rechte Handgelenk in maximale Beugung bringen. Der Ellenbogen ist auch gebeugt. Langsam den rechten Ellenbogen strecken, ohne die Beugung der rechten Hand zu verlieren. 20 – 30 Sekunden halten. Jede Seite 2 – 3x wiederholen.

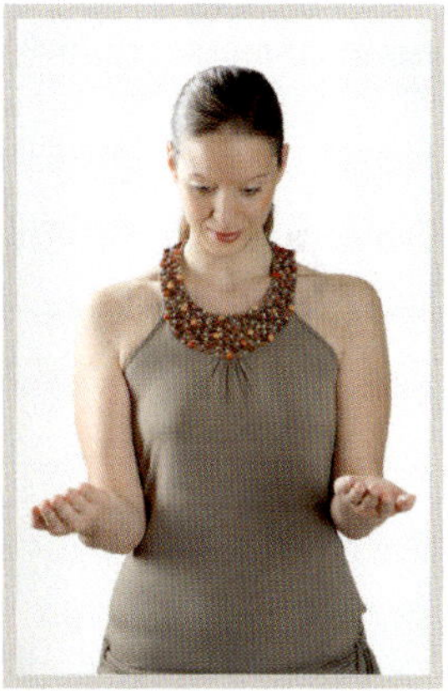

Spendergeste

Sitzen oder stehen. Die Oberarme liegen gebeugt am Körper an. Beide Daumen zeigen zur Decke. Aus dieser Position die Unterarme drehen, so dass die Handflächen zur Decke und eventuell etwas nach außen zeigen. Die Maximalposition 20 – 30 Sekunden halten. 2 – 3x wiederholen.

Variante: Mit der linken Hand die Drehbewegung des rechten Unterarmes unterstützen, indem Sie den Arm noch weiter nach außen drehen. Dies bringt gleichzeitig einen Massageeffekt der zu dehnenden Muskulatur mit sich. 7 – 10 Wiederholungen. Seiten wechseln.

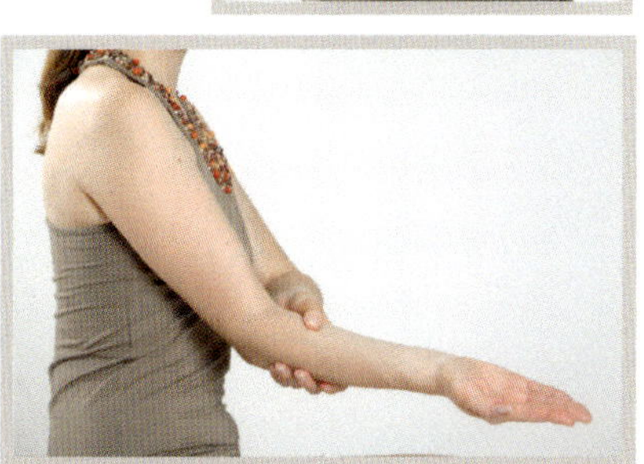

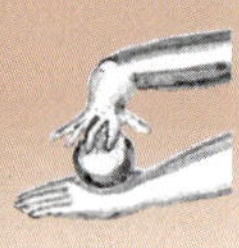

Handmassage

Spannungen in den Muskeln der Hände und Unterarme lassen sich sehr positiv durch Massage beeinflussen. Im Bereich der Hände bietet sich dafür die Handinnenfläche sowie die Daumenballen- und Kleinfingerballenmuskulatur an. Vor allem für Cellisten ist die Massage der rechten Daumenballenmuskulatur empfehlenswert.

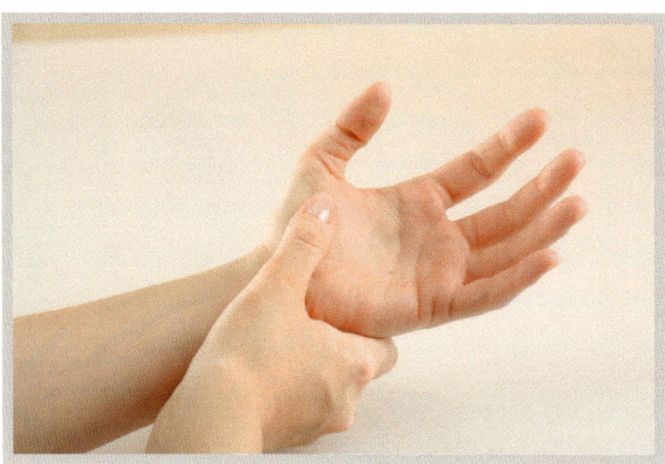

Im Unterarmbereich ist häufig die Muskulatur der langen Beuger und Strecker verspannt. Massieren Sie daher in diesem Fall von der Mitte des Unterarms an der Ober- und Unterseite zum Ellenbogen hin.

Damit es nicht zu Verspannungen in der massierenden Hand kommt, können Sie auch ein Massagestäbchen, Igel- oder Tennisball verwenden. Kombinieren Sie die Massage mit warmen Armbädern oder Wärmesalben.

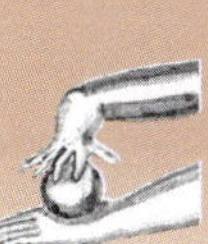

Koordination

Sprungfeder

Mit ausgestreckten Armen vor der Wand stehen. Nach vorne fallen lassen und das Körpergewicht und den Schwung mit einem stabilen, aber elastischen Handgewölbe abfangen. Aus dem Handgewölbe heraus zurückfedern und sich sofort wieder von der Wand abstoßen.

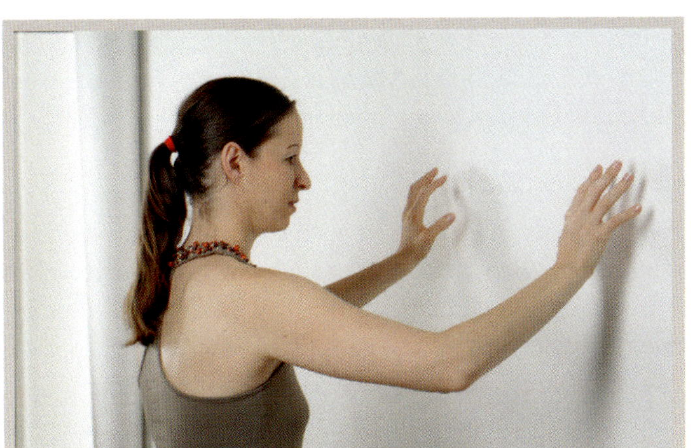

Beachte: *Die Hand darf beim Gewichtaufnehmen nicht abflachen. Der gesamte Bewegungsablauf ähnelt einer Sprungfeder oder dem Sprung einer Katze.*

Spinne

Mit maximaler Spanne in das Netz greifen. Das Handgewölbe darf erst einmal kollabieren. Nun das Gewölbe wieder aufbauen, indem Sie von der Handinnenfläche ausgehend gegen den Widerstand des Netzes die Mittelhand formen (s. Übung „Handgewölbe", S. 76).
5 – 7 Wiederholungen.

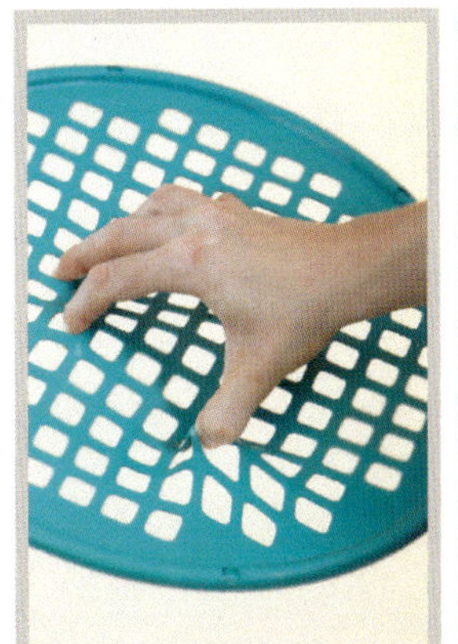

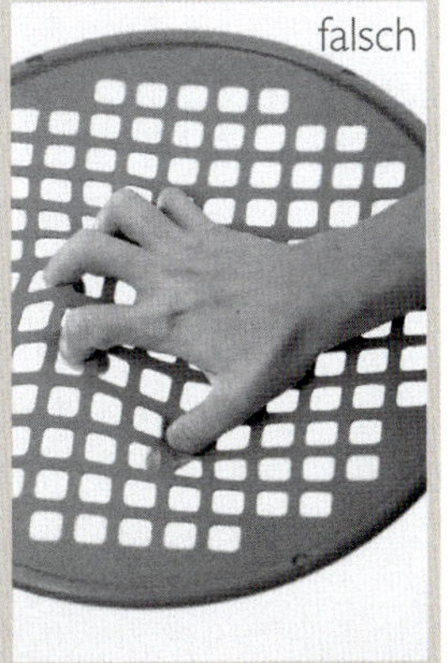

falsch

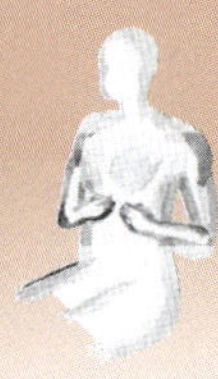

Atmung

Die Atmung hat die grundlegende Aufgabe, den Mensch durch Sauerstoffversorgung am Leben zu erhalten. Sie funktioniert unbewusst und auch wenn man die Luft absichtlich anhält, kommt bald der Einatemreflex, dem man sich nicht entziehen kann.

Der Atem ist auch eng mit der Gefühlswelt verbunden. Aufregung und Nervosität äußern sich in höherer Atemfrequenz und verminderter Atemtiefe, während Ruhe und Entspannung mit einer tiefen Atmung einhergehen.

Eine weitere Verbindung besteht zwischen der Atmung und der Körperhaltung. Sowohl eine zusammengesunkene als auch eine militärisch übertrieben gerade Haltung geben dem Zwerchfell und den Rippenwirbelgelenken nicht genügend Raum und Bewegungsmöglichkeit, um effektiv arbeiten zu können. Schon bei einer geringen Anstrengung müssen dann die Atemhilfsmuskeln, die größtenteils im Hals- und Schultergürtelbereich liegen, in Aktion treten. Die Atemhilfsmuskeln dienen zur Verstärkung der hauptsächlichen Atemmuskeln und kommen normalerweise nur bei erhöhter körperlicher Belastung zum Einsatz. Arbeiten sie schon in Ruhe oder bei geringer Belastung, spricht man von einer funktionellen Fehlatmung. Folgen der funktionellen Fehlatmung sind unter anderem eine Erhöhung der Atemfrequenz und Verspannungen im Schulter-Nacken-Bereich. Neben Schmerzen führt eine dauerhaft angespannte Muskulatur in diesem Bereich zu schlechter Kopfhaltung sowie zu Koordinationsproblemen der Arme und Hände. Flache, schnelle Atemzüge führen bei Bläsern zu Luftmangel und behindern auch bei Nicht-Bläsern den künstlerischen Ausdruck. Eine funktionelle Fehlatmung kann sich also bei Musikern nicht nur körperlich, sondern auch spieltechnisch und interpretatorisch negativ auswirken.

Gerade für Bläser und Sänger sind die unterschiedlichen Atemschulen mit ihren jeweiligen Konzepten interessant. Auf diese hier näher einzugehen, würde jedoch den Rahmen dieses Buches sprengen (siehe auch „Regula Schwarzenbach: Höhenflüge mit Bodenhaftung. Die Methode Atem-Tonus-Ton", ZM 00029)

Die in diesem Kapitel vorgestellten Übungen konzentrieren sich daher auf allgemeine Übungen zur Verbesserung der Ein- und Ausatmung sowie der Atemtiefe und sind für Bläser und Nicht-Bläser gleichermaßen geeignet.

Verbesserung der Einatmung und Kräftigung des Zwerchfells

Geführter Atem mit Gymnastikband

Auf dem Hocker sitzen. Das Gymnastikband ist mit leichtem Zug zwischen den Händen gespannt. Langsam die Arme anheben und dabei einatmen. Die Bewegungsgeschwindigkeit der Atemkapazität dahingehend anpassen, dass die Hände den höchsten Punkt über dem Kopf erreichen, wenn die Lunge maximal gefüllt ist. Danach langsam wieder ausatmen und die Hände dabei hinter dem Rücken nach unten führen. Auch hierbei soll der Atem die Geschwindigkeit der Bewegung bestimmen und nicht umgekehrt. Die Übung in die umgekehrte Richtung wiederholen, indem Sie beim Einatmen die Hände von hinten über den Kopf heben und beim Ausatmen vor dem Körper senken.

Um die Atmung besser in Einklang mit der Bewegung zu bringen, hilft es, auf dem Buchstaben „fff" ein- und auszuatmen. Nach 3 – 5 Zyklen können Sie spüren, wie sich die Dauer des Ein- und Ausatmens verlängert und Sie tiefer durchatmen können.

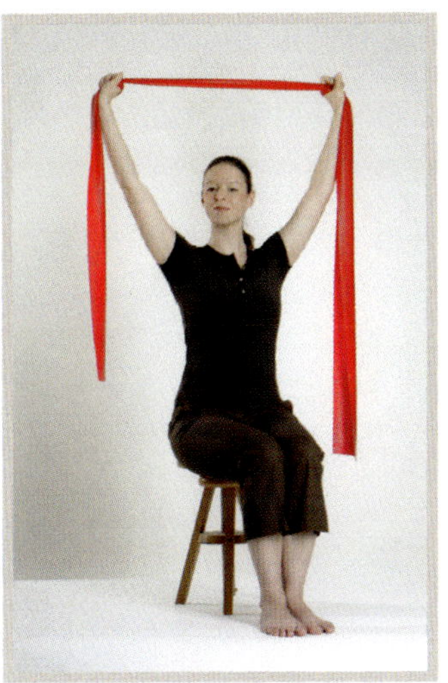

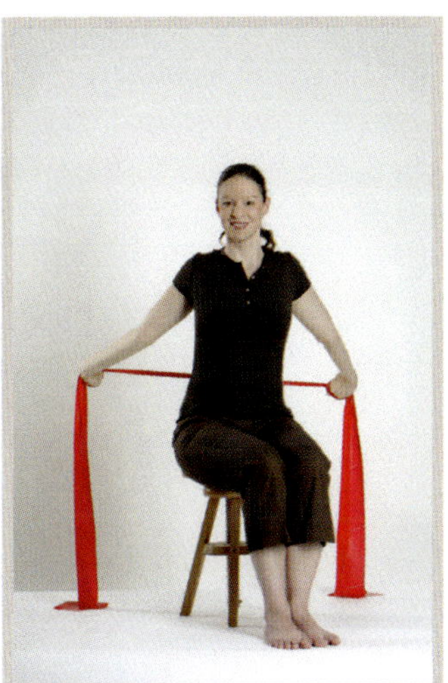

Beachte: *Machen Sie nach jedem vollen Zyklus eine kurze Pause, um nicht zu hyperventilieren.*

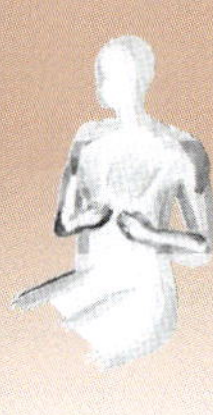

Strohhalm

Durch einen Strohhalm langsam einatmen, ohne dass dabei ein Geräusch entsteht.

Bei dieser Übung kann es schnell zu Schwindel kommen. Eventuell können Sie nur eine Wiederholung durchführen und müssen dann erst ein paar Mal normal atmen. Hören Sie auf Ihren Körper und passen Sie die Wiederholungen dementsprechend an (Maximum: 3 – 5 Wiederholungen).

Beachte: *Die Luft nicht einsaugen, sondern einatmen. Nur durch das langsame geräuschlose Einatmen wird das Zwerchfell trainiert.*

Schnüffelndes Einatmen

In kleinen Abschnitten durch die Nase einatmen, als ob Sie an einer duftenden Blume riechen würden. Zwischen den Einatemhüben sollte eine kleine Pause liegen, in der Sie auf keinen Fall ausatmen. Auf die gesamte Einatmung kommen im Schnitt 5 – 7 Hübe.

Beispiel: Kurz einatmen – stop – darauf kurz einatmen – stop – darauf kurz einatmen – stop – usw. bis zur maximalen Einatemkapazität.
Danach lange ausatmen und einige Male normal atmen, bevor Sie die nächste Reihe starten.

Verbesserung der Ausatmung und Koordination der Atemmuskulatur

Armschleuder

Mit locker herabhängenden Armen stehen. Den Oberkörper schnell nach links und rechts drehen. Die Arme schleudern dabei zu den Seiten. Kurz und kräftig auf „scht" ausatmen, wenn die Arme nach rechts schleudern, und einatmen, wenn die Arme links sind. 3–5x wiederholen, dann die Seiten wechseln.

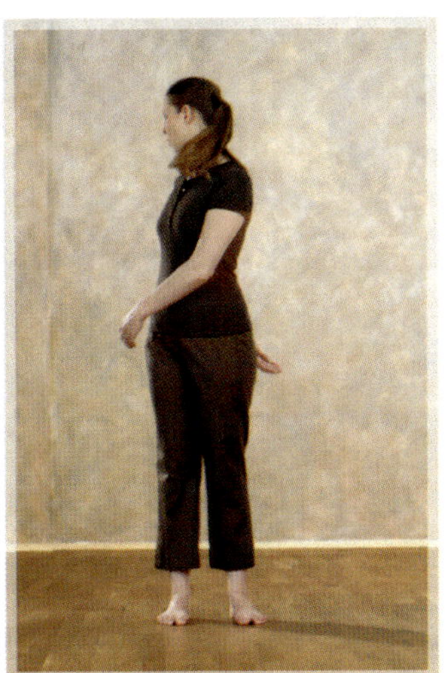

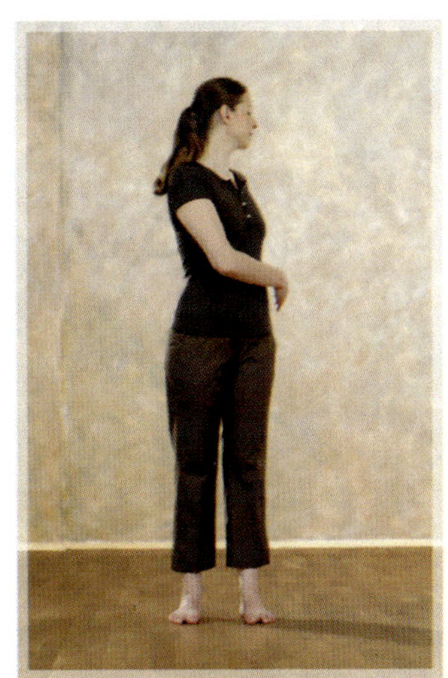

Brustkorb-Zug mit Schal

Stehen oder sitzen. Einen Schal auf Höhe der unteren Rippen um den Körper legen und mit beiden Händen festhalten. Einatmen, dann lange auf „fff" ausatmen und bei der Ausatmung mit Hilfe des Schals den Brustkorb zusammendrücken. Am Ende der vollständigen Ausatmung den Schal loslassen. Im Bauch etwas entspannen und warten, bis die Luft als Reflex von selbst in die Lunge strömt. Einige Male normal durchatmen und dann noch 3–5x wiederholen.

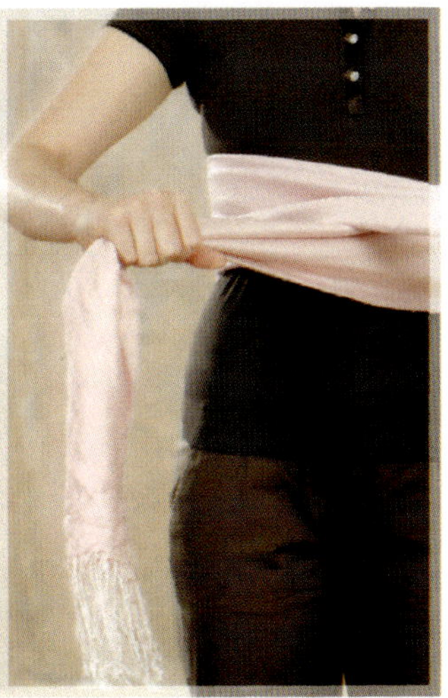

Beachte: *Die Pause nach der Ausatmung kann relativ lang sein. Atmen Sie nicht zu früh aktiv ein, sondern warten Sie ab, bis der Reflex kommt.*

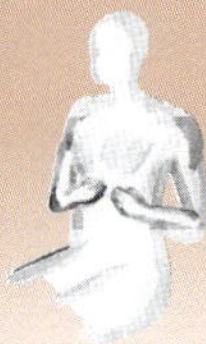

Kniefaller mit Ausatmung

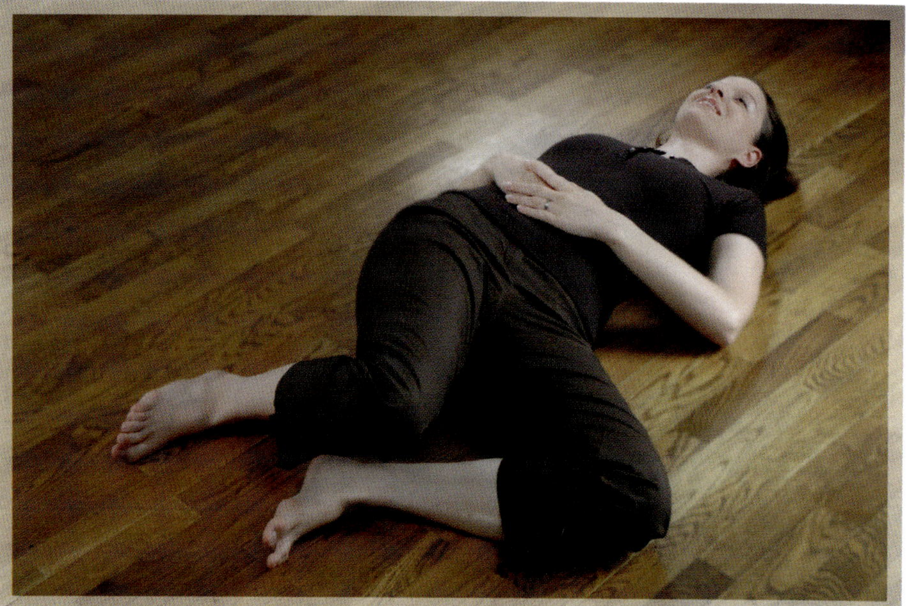

Mit aufgestellten Beinen auf dem Rücken liegen. Beide Knie nach links fallen lassen und dabei zügig auf „sch" vollständig ausatmen. Entspannen, so lange warten, bis der Reflex zur Einatmung von selbst kommt, und dann mit der Einatmung die Knie wieder in die Ausgangsposition bringen. Bei der nächsten schnellen Ausatmung die Knie auf die andere Seite fallen lassen. Pro Seite zwei Wiederholungen. Danach eine kurze Pause machen und normal durchatmen.

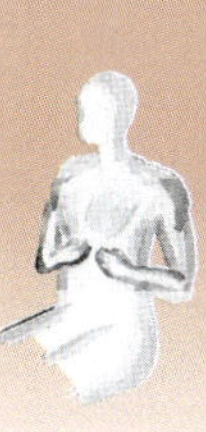

Verbesserung der Atemtiefe sowie der Koordination zwischen Atmung und Bewegung

Bewegte Drehdehnlage

Grundlage ist die Übung „Drehdehnlage" aus dem Kapitel Brustwirbelsäule (S. 54). Die Ausgangsposition ist die U-Position in Seitlage. Den oberen Arm heben, bis die Hand zur Decke zeigt. Dabei einatmen und beim Ablegen des Arms wieder ausatmen. Diese Bewegungsabfolge 6x wiederholen. Nun die Arme aufeinander liegenlassen und das oben liegende Bein heben, bis es zur Decke zeigt. Dabei einatmen. Ausatmen, wenn das Bein abgelegt wird. Auch diese Bewegungsfolge 6x wiederholen.

Nun mit der Einatmung gleichzeitig das obere Bein und den oberen Arm heben und mit der Ausatmung senken. Bei der sechsten Wiederholung so weit drehen, dass der Arm auf dem Boden abgelegt werden kann. Das Bein bleibt Richtung Decke gestreckt. In dieser Position 6x tief ein- und ausatmen und dann mit einer langen Ausatmung in die Ausgangsposition zurückkommen. Seite wechseln.

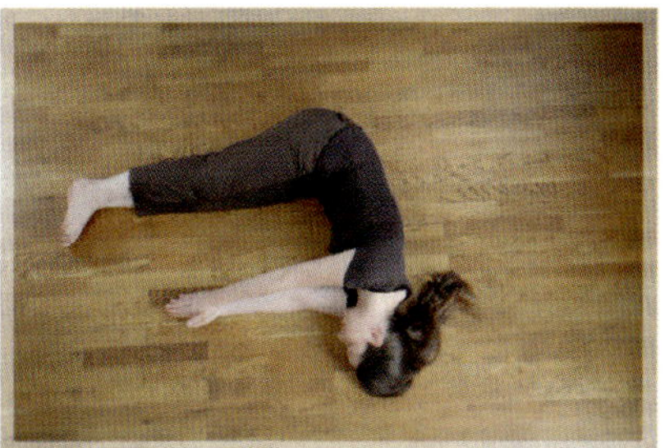

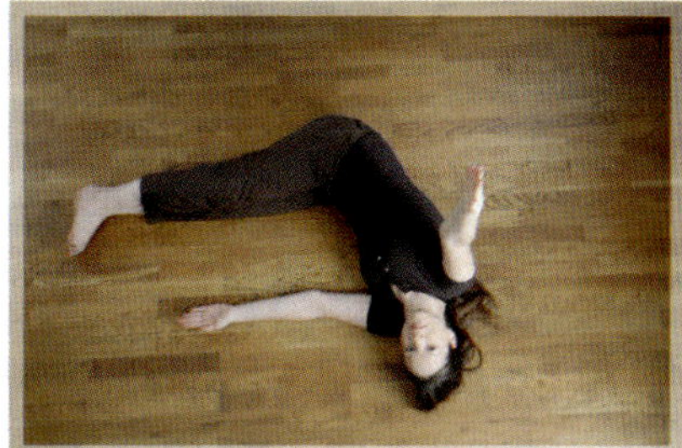

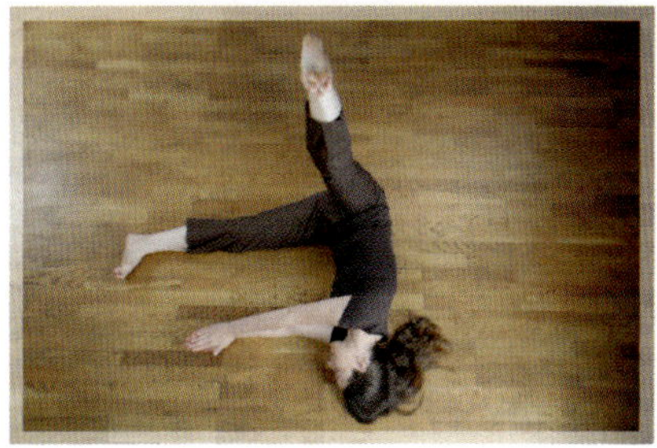

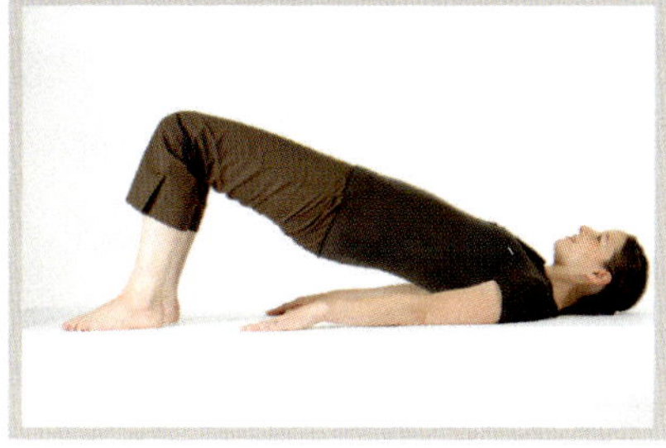

Brücke

Mit angestellten Beinen auf dem Rücken liegen. Beim Einatmen das Becken etwas vom Boden abheben. Beim Ausatmen wieder senken. Fünf Wiederholungen, danach eine kleine Pause machen und normal durchatmen.

Beachte: *Richten Sie die Körperbewegung nach dem Atemrhythmus und machen Sie bei dieser Übung keine Pause nach dem Ein- oder Ausatmen.*

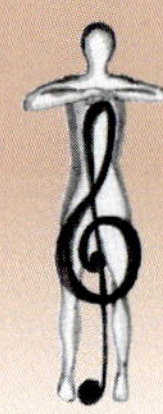

Stand und Sitz

Im aufrechten Stand muss der gesamte Mensch auf einer relativ kleinen Grundfläche ausbalanciert werden. Der Körperschwerpunkt sollte sich dabei möglichst lotrecht über der Unterstützungsfläche befinden, das heißt Becken und Rumpf dürfen weder zu weit vor, hinter oder zu weit seitlich von den Füßen positioniert werden. Dieses dynamisch-stabile Gleichgewicht des Menschen kann nur mit einem funktionierenden Zentralnervensystem und korrekt arbeitendem Bewegungsapparat aufrechterhalten werden. Gelenke und Muskulatur müssen auf Schwerpunktveränderungen blitzschnell und für uns unbewusst reagieren, damit wir uns flüssig bewegen und fortbewegen können.

Ein optimaler Stand setzt sich aus mehreren Komponenten zusammen:

- Gleichmäßige Gewichtsverteilung auf beiden Füßen
- Stabile, aber bewegliche Knie- und Hüftgelenke
- Aufgerichtetes Becken und lange Wirbelsäule
- Stabiler (aber nicht unbeweglicher) Rumpf
- Freier Schultergürtel mit beweglicher oberer Extremität
- Nach oben ausgerichteter, frei auf der Wirbelsäule balancierender Kopf

Das Sitzen erfordert eine geringere Balancearbeit als das Stehen, da im Sitz der Körperschwerpunkt näher Richtung Boden liegt und die Unterstützungsfläche größer ist. Für die Aufrichtung der Wirbelsäule gelten jedoch die gleichen Kriterien wie im Stand. Erwünscht sind auch hier eine optimale Beckenaufrichtung, ein stabiler und trotzdem beweglicher Rumpf und eine größtmögliche Länge der Wirbelsäule. Die Sitzqualität leidet allerdings häufig durch vorgegebene Stühle, deren Sitzflächenform eine natürliche Aufrichtung gar nicht oder nur schwer zulässt. Sitzen Sie, wenn möglich, auf einem flachen oder nur leicht nach vorne geneigten Stuhl, so dass Sie auf oder kurz vor den Sitzknochen sitzen können. So ist es möglich, das Becken aufzurichten und der Wirbelsäule die Länge nach oben zu geben.

Weiterhin sollten Sie nicht versuchen, längere Zeit in der gleichen Position zu stehen oder sitzen, selbst wenn dies die „richtige" Position sein sollte. Statische Haltearbeit ist für die Muskulatur wesentlich anstrengender als dynamische Arbeit. Bewegen Sie sich daher auf Ihrem Stuhl und wechseln Sie häufig die Ausgangsposition. Auch Zusammensinken oder „Lümmeln" ist kurzzeitig erlaubt.

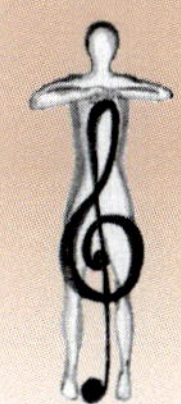

Für die Muskulatur reichen auch schon kleine Positionsveränderungen aus, um nicht in eine Überlastung durch Haltearbeit zu geraten. Vor allem in Konzerten sind diese minimalen Bewegungen notwendig, da große, sichtbare Haltungsveränderungen das Publikum eventuell irritieren können. Durch kleine, unauffällige Bewegungen lassen Sie die Muskeln dynamisch arbeiten und sitzen für die Zuhörer dennoch äußerlich ansprechend auf dem Podium.

Bewegung ist alles

Haltung am Instrument und im Alltag

Im Stand lastet das Körpergewicht auf den Füßen, im Sitz auf den Sitzknochen und Oberschenkeln. Dies bleibt auch beim Musizieren so, jedoch ändert sich je nach Instrument die Gewichtsverteilung zu einer Seite. Gerade bei den asymmetrisch gehaltenen Instrumenten wie Geige, Bratsche oder Flöte kann man beim Spieler im Stehen häufig ein deutliches Standbein feststellen. Aus medizinisch-therapeutischer Sicht bedeutet dies eine erhöhte Belastung auf der Standbeinseite mit Konsequenzen für die Wirbelsäule, die die Schiefstellung ausgleichen muss. Eine möglichst gleichmäßige Gewichtsverteilung ohne deutliche Stand- und Spielbeinseite ist aus physiologischer Sicht daher unbedingt anzustreben. Unter dem instrumentaltechnischen und musikalischen Gesichtspunkt ist dies jedoch nicht immer möglich. Viele Musiker fühlen sich am Instrument wohler und produzieren einen besseren Klang, wenn sie eine Stand- und Spielbeinseite haben. In diesem Fall ist es auch nicht sinnvoll, unbedingt die Symmetrie auf Kosten der musikalischen Qualität zu erzwingen. Hier muss man sorgfältig abwägen, wieviel Korrektur möglich ist und dem Körper genügend Zeit für eine eventuelle Veränderung geben.

Die Gefahr, dass eine asymmetrische Haltung am Instrument zur Gewohnheitshaltung im Alltag wird, ist häufig gegeben. Hier sollten Sie sehr deutlich zwischen Instrument und Alltag unterscheiden und darauf achten, dass sich keine unnötigen einseitigen Bewegungs- und Haltungsmuster ausprägen.

Dies betrifft auch Instrumentalisten, die nur im Sitzen spielen. Je nach Pedalaufwand rutschen Pianisten gerne etwas mehr auf die linke Gesäßhälfte, Cellisten sind oft mehr nach rechts orientiert. Im täglichen Leben ist eine ungleiche Gewichtsverteilung im Sitz jedoch nicht notwendig und sollte daher zugunsten der Symmetrie aufgelöst werden.

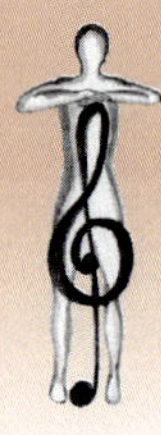

Die Schwerkraft und ihre Gegenkraft

Der aufrechte Stand bedeutet auch eine ständige Auseinandersetzung mit der Schwerkraft. Sie greift an jedem Molekül des Körpers an, hält den Körper auf der Erde und gibt dem Menschen Sicherheit und Verankerung. In gleicher Weise muss man sich jedoch gegen sie behaupten, denn ihr nachzugeben würde bedeuten, auf dem Boden liegen zu bleiben und in Schwere und Unbeweglichkeit zu verharren.

Jede Kraft hat jedoch auch eine Gegenkraft. Diese Gegenkraft in jeder Zelle zu spüren ist nicht möglich, aber Sie können eine nach oben wirkende Kraft in den unterschiedlichen Körperabschnitten wahrnehmen. Am deutlichsten ist die Gegenkraft in der Wirbelsäule spürbar. Durch die Anordnung der Wirbel aufeinander wie Bauklötzchen kann man sich die Länge der Wirbelsäule und die Ausrichtung nach oben gut vorstellen und wahrnehmen. Beim Kontakt der Füße mit dem Boden setzt sich die Gegenkraft zur Schwerkraft wie eine Welle nach oben fort. Diese Kraft wird auch gerne mit den nicht-physikalischen Begriffen Aufrichtekraft, Lebenskraft oder Spannkraft bezeichnet. Auch der Begriff Bodenreaktionskraft ist gebräuchlich, vor allem in Bezug auf das Gehen. Diese Kraft ist keine feste Größe, sondern ist abhängig von der Beschaffenheit des Bodens, des Körpergewichtes, der Geschwindigkeit des Aufpralls und der Größe der Kontaktfläche. Die Füße mit ihrer Gewölbekonstruktion können die Bodenreaktionskraft optimal aufnehmen und weitergeben, da Quer- und Längsgewölbe wie eine Federung wirken. Auch die Wirbelsäule kann durch ihre doppelte Krümmung den Aufwärtsimpuls elastisch von Wirbel zu Wirbel nach oben weiterleiten.

Spüren Sie in den folgenden Übungen, wie beide Kräfte wirken und wie sie sich im Körper in unterschiedliche Richtungen ausbreiten.

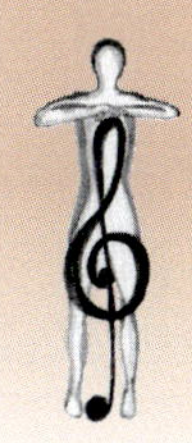

Wahrnehmungsübung Schwerkraft

Ohne Schuhe auf hartem Boden stehen. Geben Sie in Ihrer Körperspannung so weit wie möglich nach und lassen Sie im Stand den gesamten Körper zusammensacken. Gehen Sie mit der Aufmerksamkeit zu Ihren Fußsohlen und spüren Sie, wie die Füße platt werden und die Gewölbe einsinken. Versuchen Sie nun, einen Schritt nach vorne zu gehen. Sie werden spüren, dass dies kaum ohne große Überwindung möglich ist. Man fühlt sich regelrecht am Boden festgeklebt und blockiert. Um einen Fuß vom Boden zu lösen, müssen Sie sich erst im gesamten Körper etwas aufrichten und Spannung nach oben aufbauen. Dies ist die Arbeit gegen die Schwerkraft.

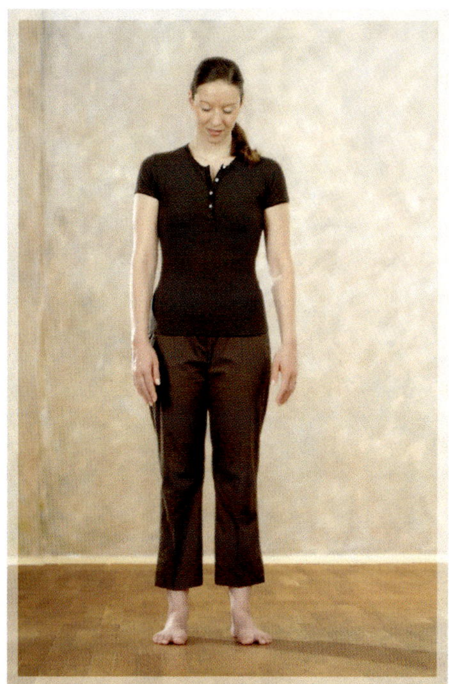

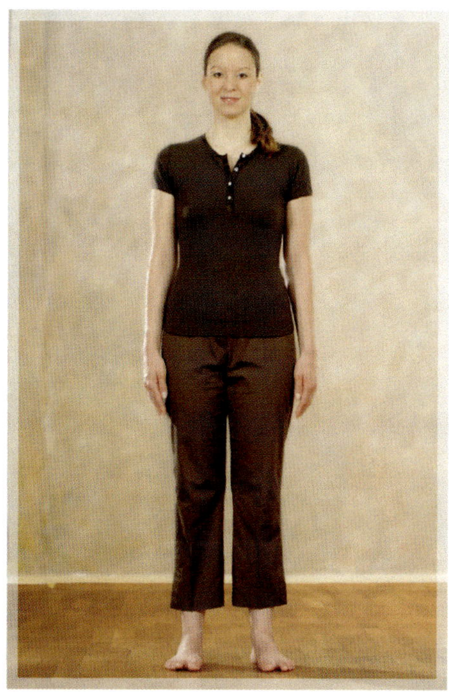

Wahrnehmungsübung Gegenkraft / Bodenreaktionskraft

Ohne Schuhe auf hartem Boden stehen. Einen Schritt nach vorne gehen und dabei absichtlich mit der Ferse fest auf den Boden auftreten. Spüren Sie, wie ein Impuls wellenartig vom Fersenbein durch den gesamten Körper bis hoch in den Kopf geht. Dies ist die Ausbreitung der Bodenreaktionskraft. Sie können diese Kraft im Gang bei jedem Schritt nutzen, um sich nach oben in die Leichtigkeit auszurichten. Beim normalen Gehen ist die Bodenreaktionskraft etwas schwächer als in der Übung, aber nach kurzer Zeit auch dann gut spürbar.

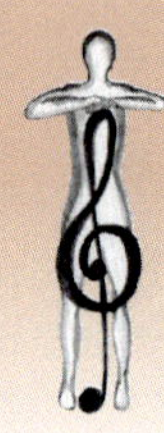

Die beiden Wahrnehmungsübungen funktionieren auch in ähnlicher Weise im Sitz. Es ist jedoch etwas schwieriger, da der harte Kontakt des Bodens als Wahrnehmungshilfe nicht gegeben ist. Trotzdem können Sie eine Reaktionskraft spüren: Drücken Sie mit dem Gesäß kräftig in die Stuhlfläche. Nach kurzer Zeit werden Sie das Bedürfnis verspüren nachzulassen und können im Moment des Nachlassens eine Ausrichtung nach oben wahrnehmen. Stärker verdeutlichen kann man die Reaktionskraft, wenn man auf dem Gymnastikball hüpft. Jeder Hüpfer im Sitz katapultiert Sie wieder nach oben. Im umgekehrten Fall kennt es jeder selbst nur zu gut, wie schwer man sich fühlt, wenn man schlapp und müde auf der Couch hängt.

Integrieren Sie die Wahrnehmung beider Richtungen auch in die folgenden Übungen:

Baum

Ohne Schuhe stehen. Den linken Fuß so hoch wie möglich an der Innenseite des rechten Oberschenkels abstützen. Die Handflächen aneinander legen und die Arme über den Kopf strecken. Regelmäßig atmen und so lange wie möglich in der Position bleiben. Seite wechseln und jede Seite 2x wiederholen.

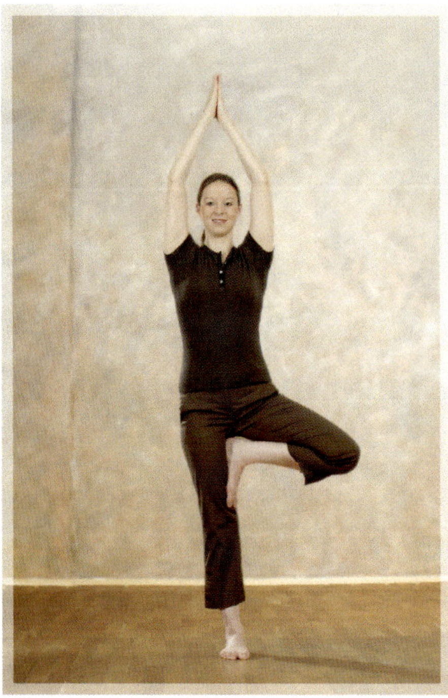

Beachte: *Falls Sie zu Beginn Probleme mit dem Gleichgewicht haben sollten, lassen Sie die Arme als Balancehilfe zu den Seiten ausgestreckt.*

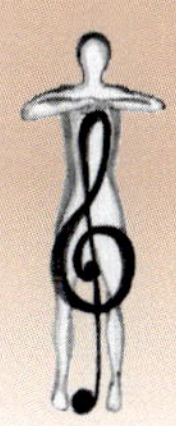

Einbeinstand

Der Einbeinstand ist eine hervorragende Übung zur Verbesserung von Gleichgewicht, Standfestigkeit, Koordination und Aufrichtung. Auch Instrumentalisten, die nicht im Stehen spielen, sollten diese Übung machen. Sie profitieren später von besserer Rumpfkoordination und Aufrichtung im Sitz.

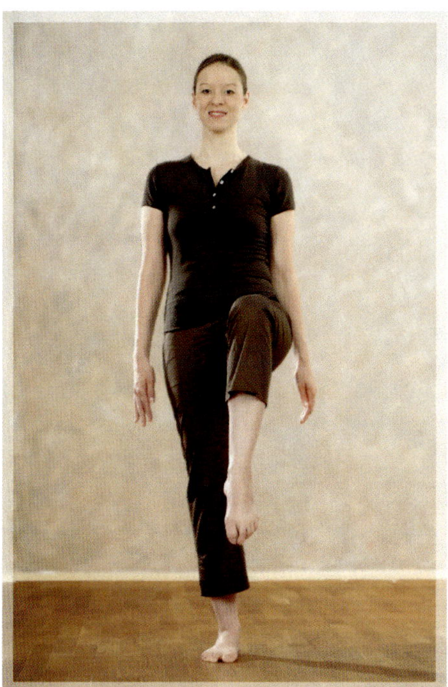

Beachte: *Trainieren Sie immer beide Beine und legen Sie den Schwerpunkt auf die schlechtere Seite. Achten Sie auf ein stabiles Standbein mit aufgerichtetem Fußgewölbe und gerader Beinachse. Sie können sich auch weitere Varianten ausdenken, wie sie in Kapitel 5 beschrieben sind.*

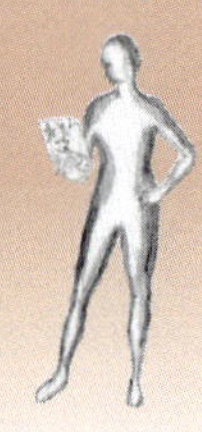

Trainingspläne

Um die Orientierung in der Übungssammlung zu erleichtern, werden im Folgenden fünf Beispiel-Trainingsprogramme vorgestellt. Die Zielsetzung richtet sich hierbei nach den am häufigsten vorkommenden Beschwerden und Schwachstellen.

- Allgemeine Verbesserung der Aufrichtung (Kurzprogramm)
- Allgemeine Verbesserung der Aufrichtung (Ausführliches Programm)
- Besserung bei Schulter-Nacken-Verspannungen
- Verbesserung der Kraftausdauer im Rumpf
- Verbesserung der Kraftausdauer der Arme und Vorbeugung vor Überlastung der Unterarme

Sowohl die Themen als auch die Übungsauswahl sind Anregungen und können (und sollen) von Ihnen an Ihre eigenen Bedürfnisse angepasst werden.

Lernen Sie, sich Ihren individuellen Trainingsplan zu erstellen!

In den hier vorgestellten Trainingsplänen werden alle Übungen unabhängig vom Instrument durchgeführt. Sie können jedoch auch geeignete Übungen wie Mobilisations-, Dehnungs- und Koordinationsübungen in die Kurzpausen während der Übezeit einfügen (siehe auch Kapitel 3, Erstellen eines Trainingsplans). Ebenso sollten Sie das Programm durch entsprechende Übungen mit dem Instrument aus Kapitel 5 ergänzen.

Die Dauer der Programme variiert zwischen 23 und 49 Minuten. Dazu kommen fünf Minuten Auf- und Abwärmen. Um Zeit zu sparen, bietet sich die Integration einiger physiotherapeutischer Übungen in den normalen Übeablauf mit dem Instrument an. Sollten Sie einmal sehr unter Zeitdruck stehen, können Sie ein paar Wiederholungen oder ganze Übungen weglassen. Dies sollte jedoch nicht zur Regel werden, ist aber immer noch besser, als das Training völlig ausfallen zu lassen.

Die in den Trainingsplänen aufgezeigten Übungen sind nicht zwangsläufig die wichtigsten aus dem jeweiligen Kapitel. Sie können sie daher gerne nach einiger Zeit durch andere Übungen mit ähnlichem Ziel ersetzen.

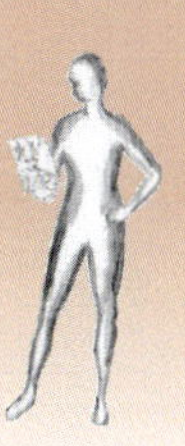

Verbesserung der Aufrichtung: Kurzprogramm

Dauer: 23 Minuten

Brustwirbelsäulen-Dreher
6 Min. (S. 46)

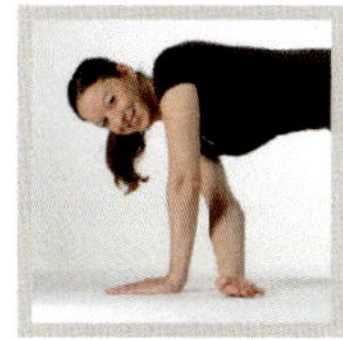

Halbe Drehung
6 Min. (S. 47)

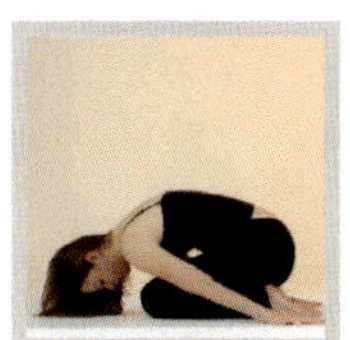
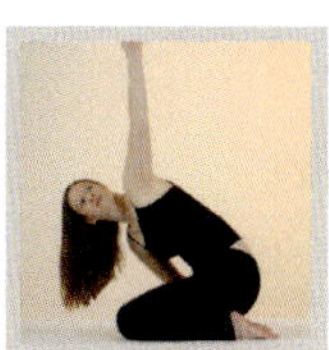

Leistendehnung
3 Min.(S. 41)

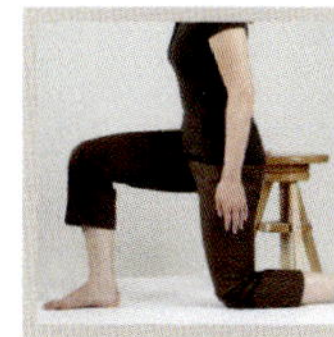
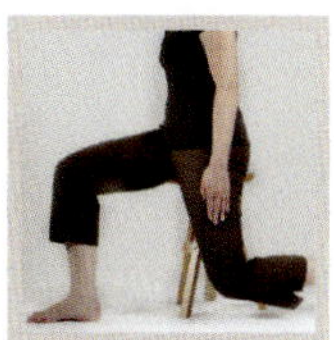

Wachsen
5 Min. (S. 43)

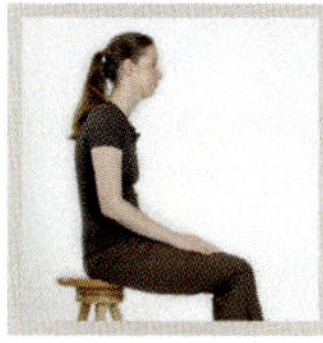
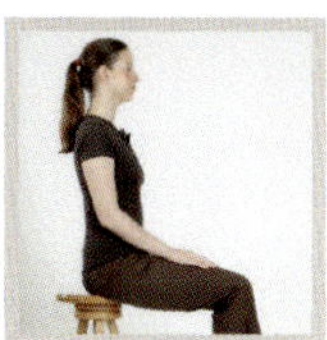

Stehsitz
3 Min. (S. 44)

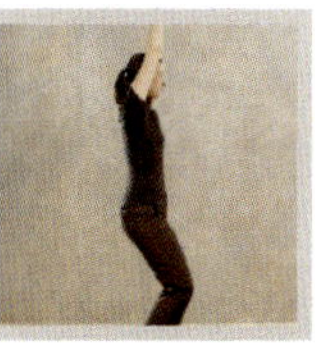

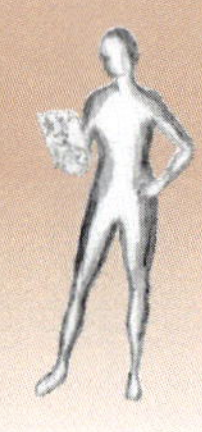

Verbesserung der Aufrichtung: Ausführliches Programm

Dauer: 32 – 45 Minuten

Beckenkippung
1–3 Min. (S. 33)

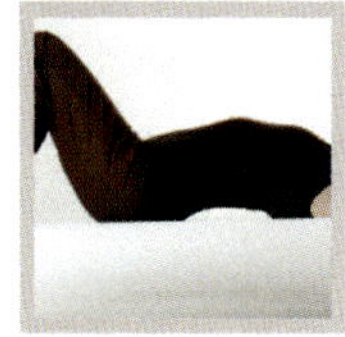
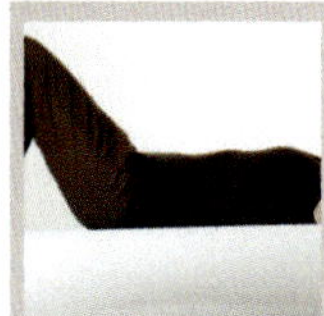

Grundspannung
5 Min. (S. 35)

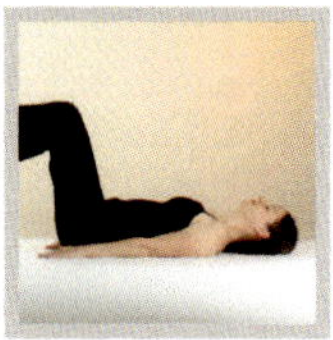

Handtuchdruck
3 Min. (S. 60)

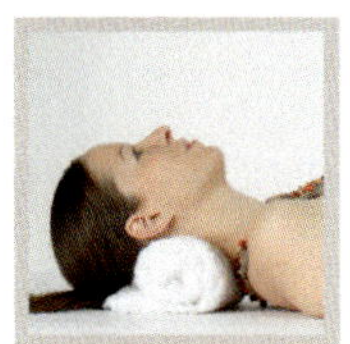

Beugung und Streckung
3 Min. (S. 46)

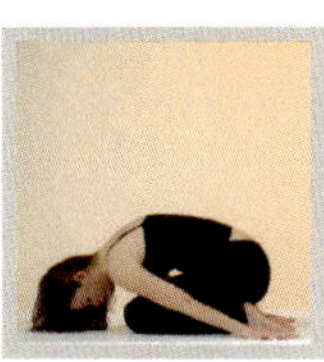
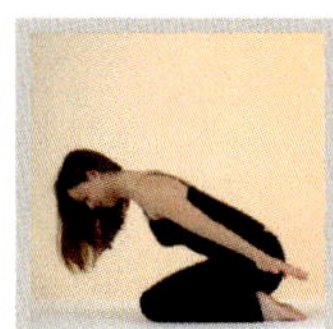

Flieger
7 Min. (S. 48)

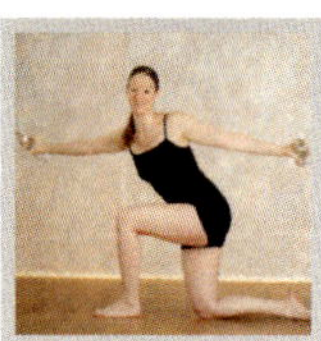

Boot
5 – 8 Min. (S. 38)

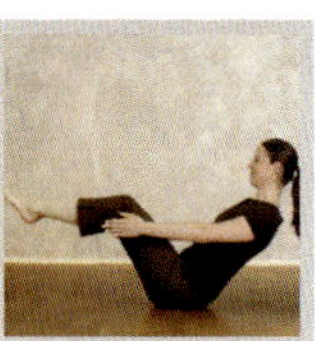

Großer Brustmuskel
3 – 6 Min. (S. 53)

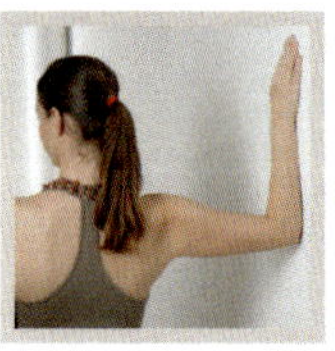
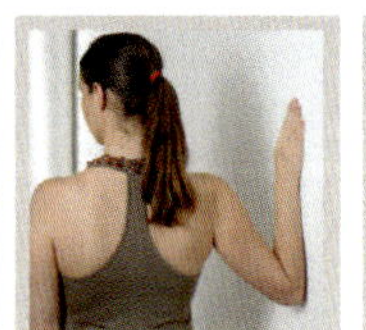
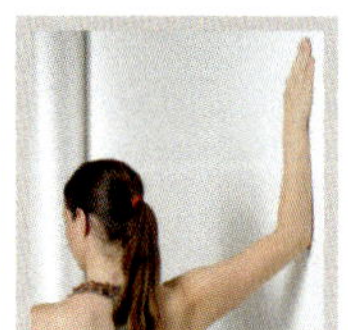

Baum
5 – 10 Min. (S. 92)

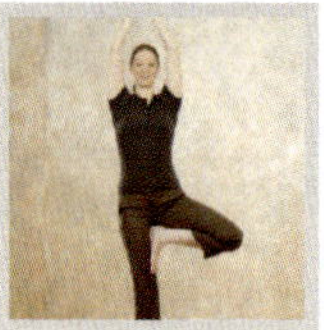

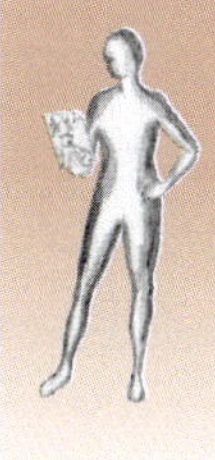

Besserung bei Schulter-Nacken-Verspannungen

Dauer: 23 – 33 Minuten

Spannungslöser
1–2 Min. (S. 58)

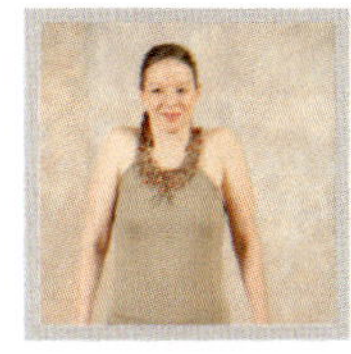
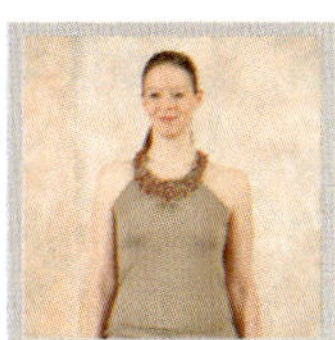

Absteigender Trapezmuskel
3 Min. (S. 62)

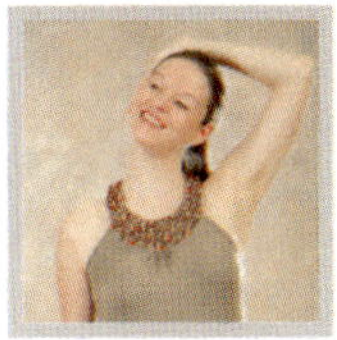

Schulterblattheber
3 Min. (S. 62)

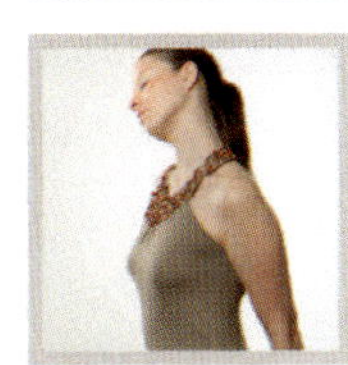

Nachlassen mit Gymnastikband
3–5 Min. (S. 71)

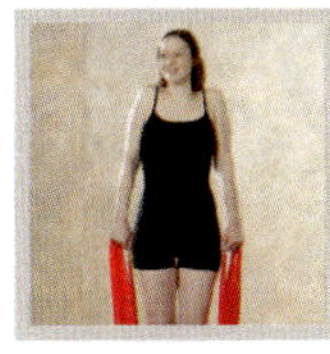
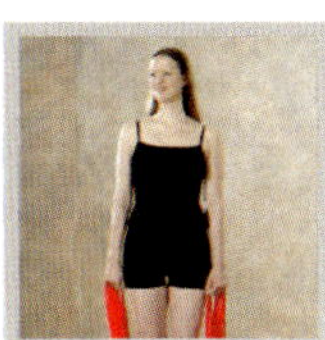

Windmühle
2–4 Min. (S. 64)

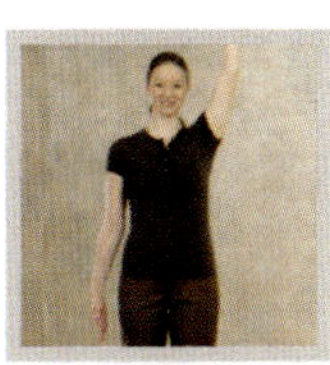

Arm-Dreher
3–6 Min. (S. 65)

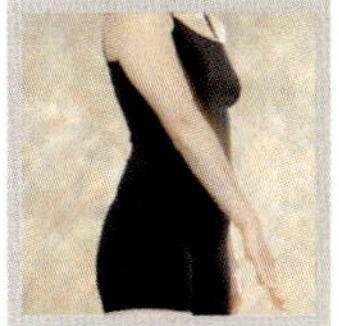
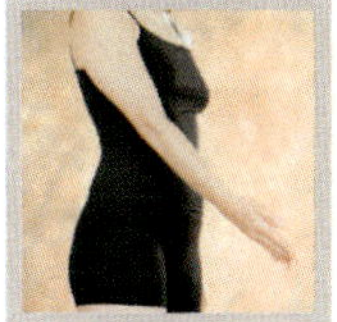
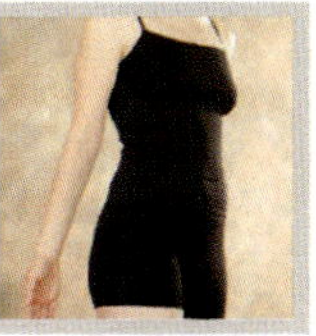
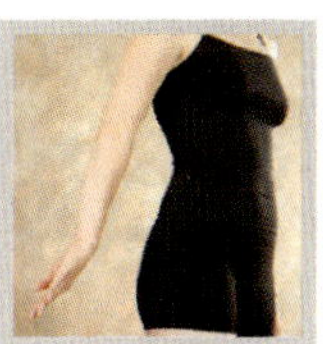

Armschleuder
2 Min. (S. 85)

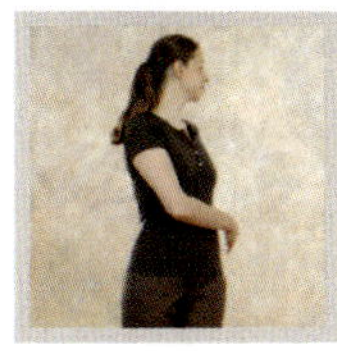
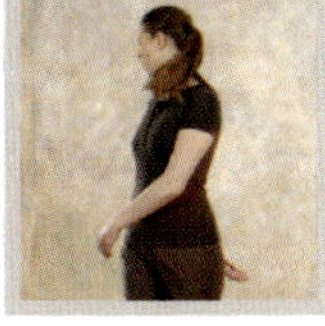

Armlänge
6–8 Min. (S. 73)

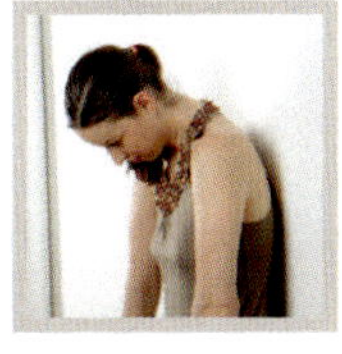
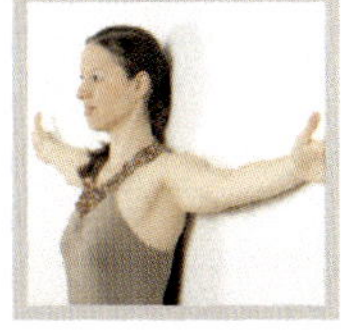

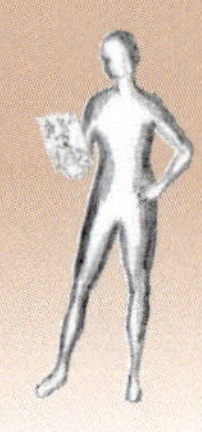

Verbesserung der Kraftausdauer im Rumpf

Dauer: 42–49 Minuten

Grundspannung
5 Min. (S. 35)

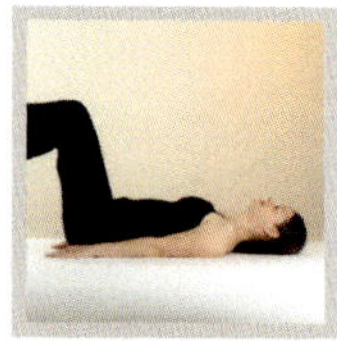

Bauchmuskeln mit Gymnastikband
8–10 Min. (S. 36)

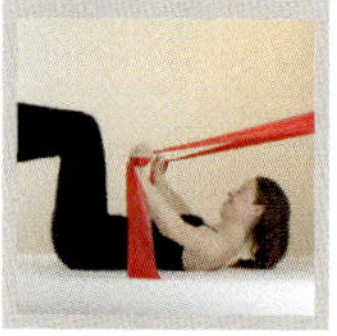
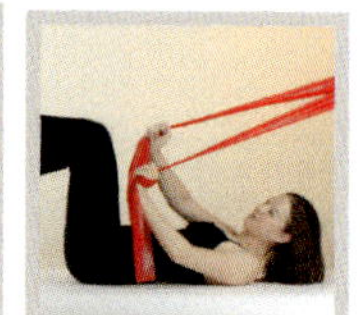

Rundum-Spannung
3 Min. (S. 39)

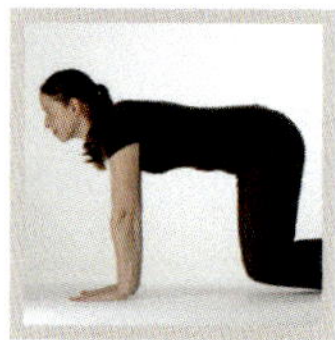

Halbe Drehung
6 Min. (S. 47)

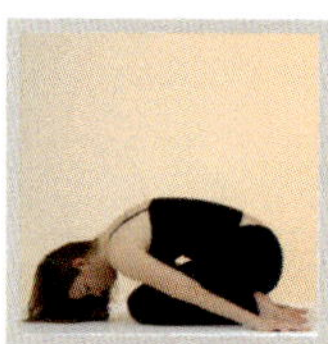
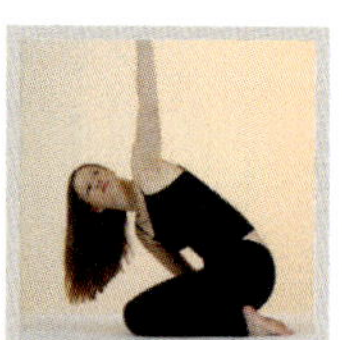

Boot
5–8 Min. (S. 38)

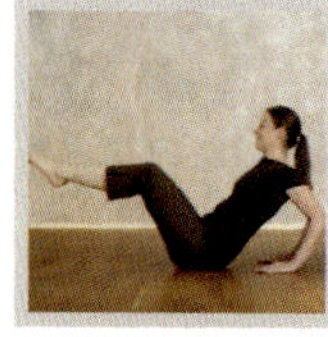
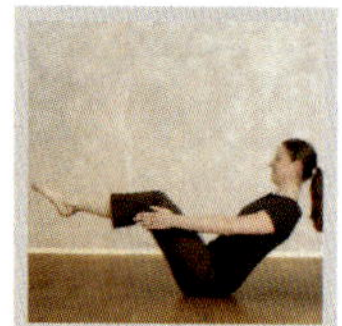

Gymnastikband-Aufrichtung
7 Min. (S. 49)

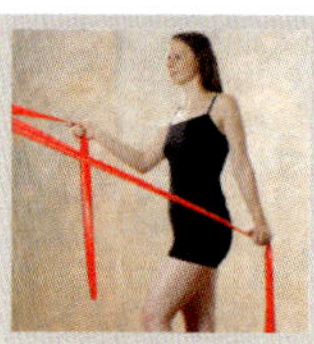

Wachsen
5 Min. (S. 43)

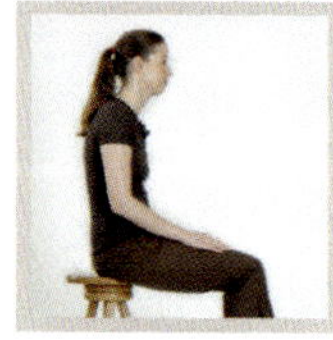
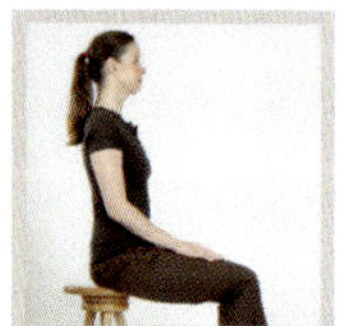

Einbeinstand
3–5 Min. (S. 93)

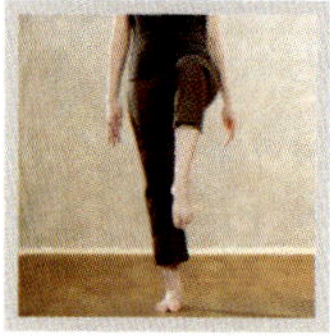

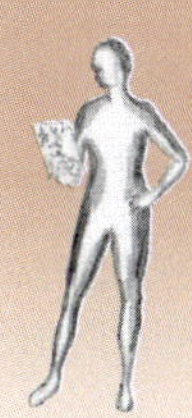

Verbesserung der Kraftausdauer der Arme und Vorbeugung vor Überlastung der Unterarme

Dauer: 41–48 Minuten

Armzug
5–8 Min. (S. 67)

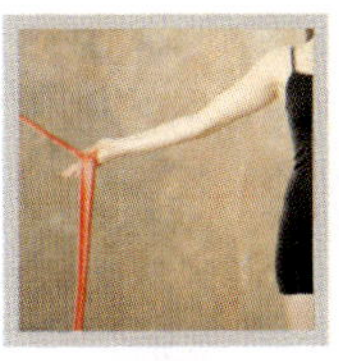
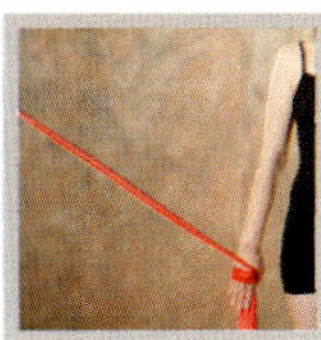

Außenrotation
5 Min. (S. 66)

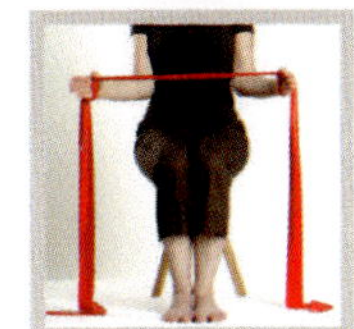

Kreise an der Wand
5 Min. (S. 72)

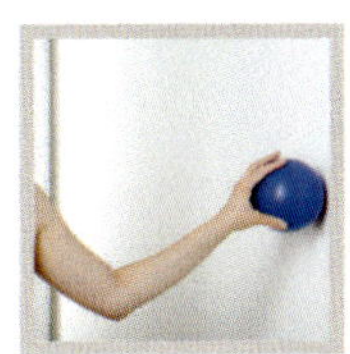

Armkreise
3–5 Min. (S. 73)

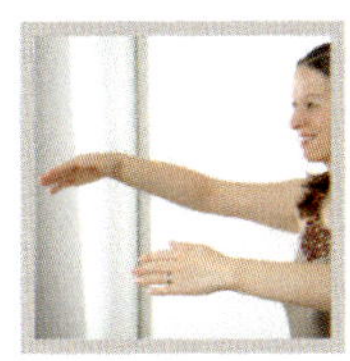

Lange Beuger 3 Min.
Lange Strecker 3 Min.
(S. 79)

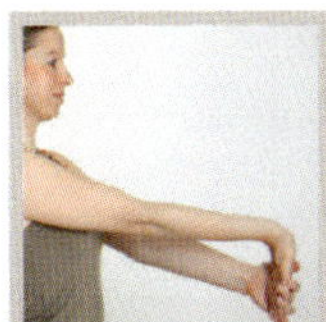
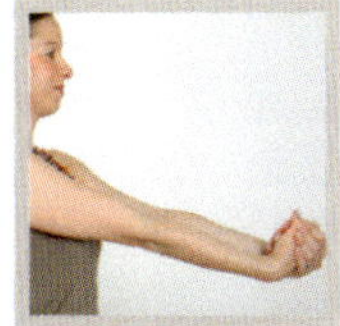

Griff mit langen Fingern
6–8 Min. (S. 76)

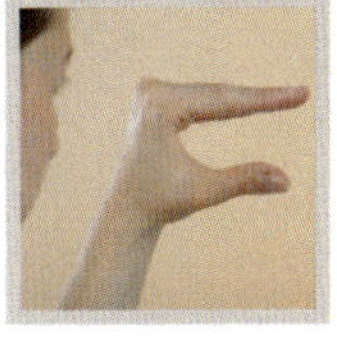
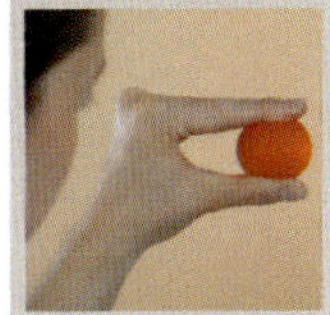

Handgewölbe
6 Min. (S. 76)

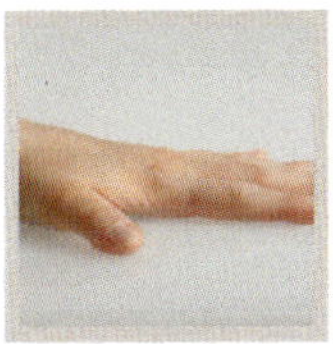
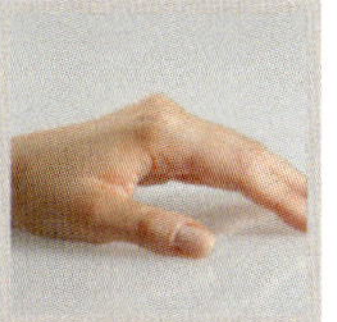

Sphinx
5 Min. (S. 78)

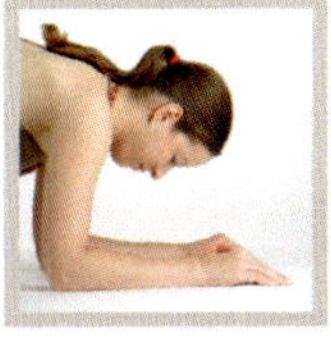
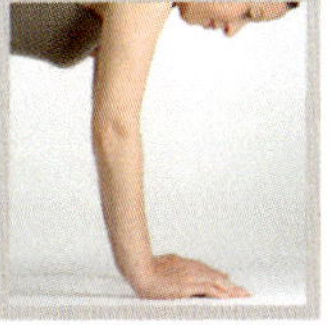

Instrument

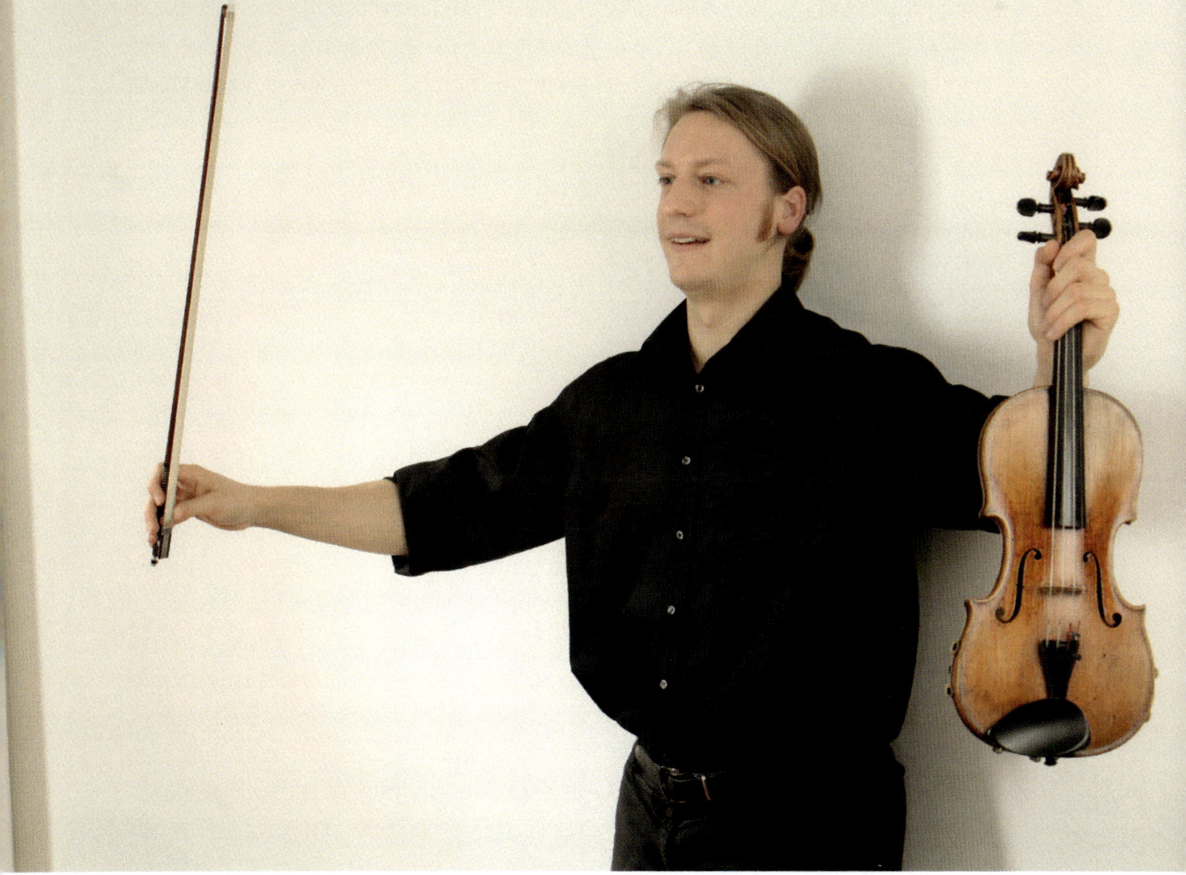

ZM 00030

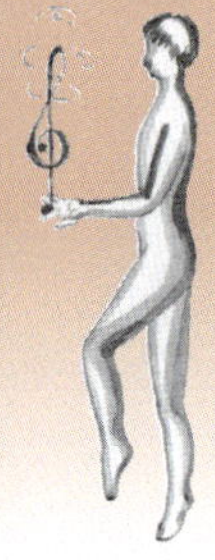

Koordination mit dem Instrument

Das oberste Ziel eines Musikers ist es, das Werk nach eigener und historischer Vorstellung interpretieren zu können. Selbstverständlich sollte er dazu sein Instrument so gut wie möglich beherrschen. Dies betrifft alle Teilbereiche wie Tonqualität, Fingertechnik, Artikulation, Phrasierung, Gestaltung usw. in gleicher Art und Weise. Für jedes Instrument gibt es unzählige Methoden und Übungen, um sich im technischen Bereich zu verbessern. Die Ziele sind meist klar definiert und die Übungen gut strukturiert. Die musikalischen Ziele und Vorstellungen jedoch sind oft nicht so deutlich zu erklären.

Einige Beispiele sind

- Freies Spiel
- Leichtigkeit
- Lockerheit
- Harmonische Phrasierung
- Variabler Klang
- Spannungsreichtum

Jeder Musiker weiß, was man unter diesen Punkten versteht, und hat wahrscheinlich auch eine Klangvorstellung oder ein persönliches Vorbild, bei dem dies perfekt umgesetzt wird. Was also zum Beispiel Leichtigkeit ist und wie sie sich im Spiel anhört, ist den meisten klar, die Umsetzung im eigenen Spiel jedoch gestaltet sich oft schwieriger.

Gut gemeinte Ratschläge wie „Bleib' doch mal locker beim Spielen", „Entspann' dich mal" oder „Da muss mehr kommen" helfen nicht weiter. Meist versucht man es so lange, bis es irgendwann klappt und man ein „Aha-Erlebnis" hat. Doch was passiert, wenn dieses nicht kommt und man sich stattdessen immer mehr verkrampft?

Klingt eine Phrase nicht so, wie man sie sich vorstellt, schlägt sich der Frust darüber irgendwann auch in körperlicher Anspannung nieder. Mit dieser erhöhten Körperspannung gestaltet es sich aber eventuell umso schwieriger, das gewünschte Ziel zu erreichen. Wiederholt man die Stelle trotzdem immer wieder, kann schnell ein Teufelskreis aus negativem Erleben und Verspannung eintreten. In diesem Fall ist es hilfreich, ein Werkzeug zur Hand zu haben, mit dem man diesen Kreislauf durchbrechen und günstigere Ausgangsverhältnisse wiederherstellen kann. Im umgekehrten Fall arbeitet man oft lange daran, dass ein langsamer Satz interessanter klingt und mehr musikalische Spannkraft erhält. Dies kann man aber nicht erreichen, wenn die notwendige Grundkörperspannung nicht vorhanden ist. Auch hier ist es sinnvoll, passende körperliche Verhältnisse am Instrument herzustellen und nicht nur zu experimentieren.

Körpersprache und Körperwahrnehmung

Die Körpersprache ist ein Ausdrucksmittel, das wir uns am Instrument genauso wie im täglichen Umgang mit unseren Mitmenschen zu Nutze machen können. Bestimmte Positionen, Bewegungen und Haltungsformen werden vom Publikum unbewusst registriert und eingeordnet.

Ein klassisches Beispiel ist ein Sprecher, der mit eingesunkenem Brustkorb, Rundrücken und nach vorne hängenden Schultern auf dem Podium steht. Diese Position wird im Allgemeinen mit Passivität, Sorge und wenig Aktion verbunden. Seine Rede muss schon sprachlich und inhaltlich sehr packend sein, wenn er trotz dieser Haltung das Publikum fesseln und überzeugen will. Gleiche Kriterien gelten natürlich auch für Musiker, wobei es unter den vielen genialen Künstlern auch Gegenbeispiele gibt, bei denen eine absurd anmutende Körpersprache das musikalische Endprodukt überhaupt nicht beeinträchtigt.

Ein gut nachzuvollziehbares positives Beispiel vom Einfluss der Körperhaltung auf das Spielen ist die Position des Brustbeins. Ein aufgerichtetes Brustbein ist am Instrument häufig mit der Tonprojektion gekoppelt. Das Gefühl, der Ton strahle vom Brustbein bis in die letzte Reihe des Saales aus, ist für viele Musiker außerordentlich hilfreich und kann die Tragfähigkeit und Resonanz des Klangs deutlich verbessern.

Ergänzend zur allgemeinen Körpersprache und deren Wahrnehmung geben auch die unterschiedlichen Instrumente eine bestimmte Körperwahrnehmung in dazugehörigen Körperabschnitten vor. Pianisten empfinden zum Beispiel häufig ein Gefühl der Stabilität in den Fingerendgelenken und Fingerkuppen bei einem kernigen und präzisen Anschlag. Ähnlich geht es Streichern, wobei bei ihnen in diesem Fall nur die Finger der linken Hand betroffen sind.

Je nach Instrument können Sie daher einigen technischen oder musikalischen Zielen eine unterschiedliche Körperwahrnehmung zuordnen. In der Praxis bedeutet diese Zuordnung eine Erleichterung, da Sie den Körper als Hilfe nutzen können. Eine gezielte Wahrnehmung, verbunden mit einer körperlichen Übung, ist konkreter und „handfester" und bietet somit eine Chance, leichter das gewünschte musikalische Ziel zu erreichen. Weiterhin können mit einem Einstieg über den Körper ungünstige Kreisläufe wie im Anfang des Kapitels beschrieben schneller durchbrochen werden.

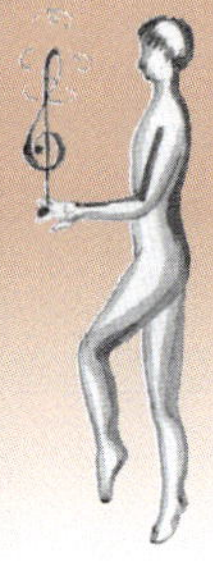

Die Tabelle gibt Ihnen einen Überblick über Zusammenhänge von musikalischen Zielen, Instrumentaltechnik, Körperwahrnehmung und Körperregionen.

Musikalisches Ziel und Instrumentaltechnik	Körperregion und Körperwahrnehmung
Tiefe Atmung. Langer Atem. Musikalische Phrasierung.	Länge der unteren Wirbelsäule. Öffnen der Leisten. Stabiles Fundament durch aufrechte Beckenposition.
Tonprojektion. Bühnenpräsenz. Resonanz.	Breiter Schultergürtel. Weite im Brust- und Schlüsselbeinbereich. Aufgerichtetes Brustbein.
Großer Klang. Resonanz. Schnelle Artikulation (Bläser). Präziser Tonanfang. Allgemeine Leichtigkeit.	Freier Nacken. Beweglicher Blick. Freie Ohren. Beweglicher Unterkiefer.
Klang. Artikulation. Schnelligkeit und Koordination des Bogenarms (Streicher). Flexibilität, Schnelligkeit (Klavier). Tiefe Atmung (Bläser). Optimale Kraftentfaltung (Klavier, Schlagzeug).	Leichte und lange Arme. Weite im Brust- und Schlüsselbeinbereich. Freies und bewegliches Schultergelenk.
Präziser Anschlag. Substanz und Kern im Ton (Klavier). Technische Sicherheit der linken Hand (Streicher). Saubere Fingertechnik (Bläser)	Stabiles Handgewölbe der Mittelhand. Koordinierte Verbindung Finger – Schulterblatt. Stabilität der Fingerendgelenke.
Harmonische Phrasierung. Musikalischer Fluss.	Fließender Atem. Wechsel von Ein- und Ausatmung und Anspannung und Entspannung.
Spannkraft im Ton. Musikalische Spannung in langsamen Sätzen. Ökonomische Kraftübertragung (Schlagzeug).	Ausreichende Grundspannung. Stabiler Stand und Sitz. Stabiler Rumpf bei gleichzeitiger Beweglichkeit der Extremitäten.

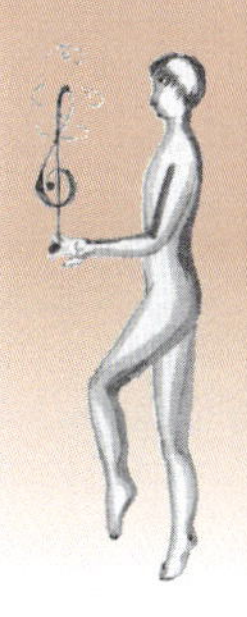

Integration in das tägliche Üben

Übungen mit dem Instrument werden nach eigenen Gesichtspunkten durchgeführt. Anders als bei den Übungen aus Kapitel 4 stehen hier nicht die Verbesserung einer motorischen Grundeigenschaft, sondern die Verbesserung der Körperwahrnehmung und die Verbindung zwischen Instrument und Klang im Vordergrund. Sie wiederholen die Koordinationsübungen daher so oft, bis Sie diese Verbindung spüren.

Der Beispieltrainingsplan in Kapitel 3 schlägt 10 Minuten innerhalb einer Gesamtübezeit von zwei Stunden vor. Dies ist ein Richtwert und erscheint vielleicht wenig. Sie können selbstverständlich länger üben. Verwenden Sie jedoch nicht mehr als 10 – 15 Minuten auf die Koordinationsübungen mit dem Instrument. Der Grund für diese Restriktion ist die hohe koordinative Anforderung. Sie müssen die körperliche und musikalische Auswirkung gleichzeitig während der Übung spüren und hören. Beides wird dann zu einem neuen Bewegungsmuster verbunden, das sich nach und nach automatisiert. Dies ist in punkto Konzentration anstrengender, als man denkt.

Verbindung von Klang und neuem Bewegungsmuster

Um den Lernprozess so übersichtlich wie möglich zu gestalten, sollten Sie sich immer nur auf ein Ziel, z. B. Verbesserung der Tonprojektion und Tragfähigkeit des Klangs konzentrieren. Wählen Sie für die Übung eine einfache, technisch anspruchslose Melodie, die Sie auch auswendig beherrschen. Entscheiden Sie sich dann für die entsprechende Übung, z. B. „Im Gleichgewicht" (S. 112). Führen Sie die Übung ein paar Mal ohne Instrument durch, um die Körperregionen, an der die Übung ansetzt, zu spüren. In diesem Fall ist dies ein mittlerer Kraftaufwand im Schulterblattbereich, um nicht in den Rundrücken zu fallen sowie die Öffnung, Dehnung und Weite im Brust- und Schlüsselbeinbereich.

Machen Sie die Übung so oft, bis Sie sich den Körperabschnitt und das dazugehörige Körpergefühl gut merken können. Nehmen Sie dann Ihr Instrument, spielen Sie die Melodie und führen Sie gleichzeitig die Übung durch. Unter Umständen müssen Sie die Übung je nach Instrument etwas modifizieren.

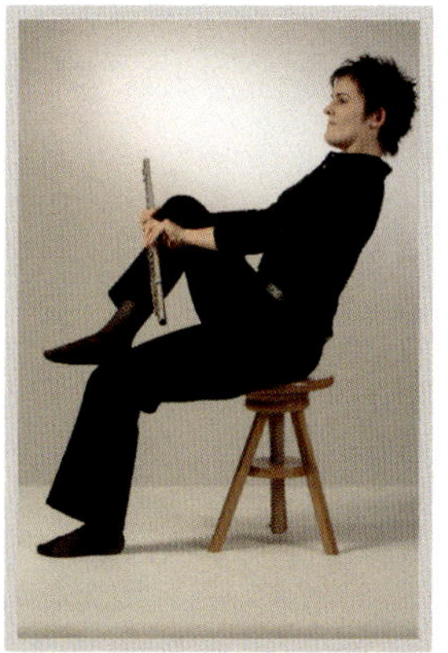

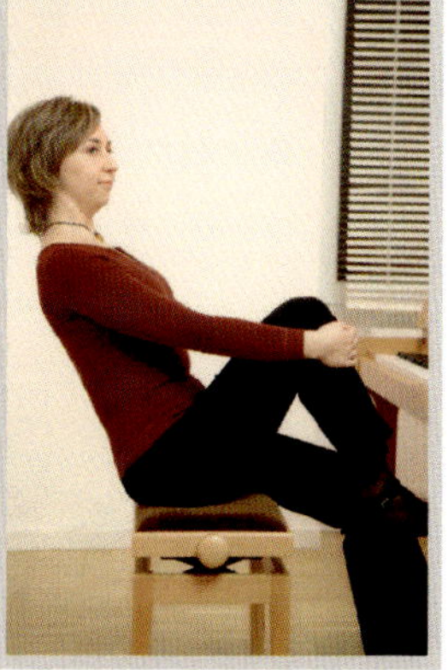

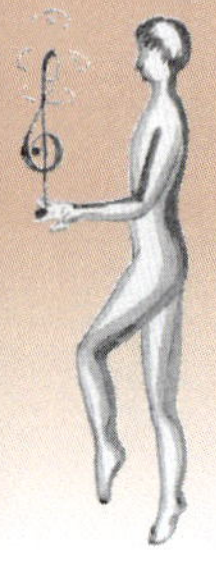

Bei „Im Gleichgewicht“ heißt das, dass Sie das Bein aus eigener Kraft anheben und halten müssen, da Sie die Hände am Instrument haben.

Spüren Sie nun während des Spielens das Körpergefühl von Weite und Öffnung im Brustbereich. Hören Sie gleichzeitig, wie sich der Klang verändert, je nachdem, ob Sie vorne einsinken oder sich maximal strecken können.

Welche Übung ist für welches Instrument geeignet?

Die Fotos bedeuten nicht, dass die jeweilige Übung nur mit dem abgebildeten Instrument durchgeführt werden kann. Die Übungen sind grundsätzlich für alle Instrumente geeignet, müssen allerdings je nach Situation angepasst werden. Instrumente wie Cello, Kontrabass, Klavier, Harfe, Schlagzeug oder Orgel sind nicht im Raum beweglich und schränken die Möglichkeiten etwas ein. Die Übung „Asiatische Hocke“ z. B. können Sie dann nicht direkt mit dem Instrument machen. In diesem Fall sind Ihr Körpergefühl und Bewegungsgedächtnis stärker gefordert. Machen Sie die Übung zuerst ohne Instrument, behalten es aber in greifbarer Nähe. Spüren Sie genau, wie sich bei der „Asiatischen Hocke“ der Lendenwirbelsäulenbereich in die Länge entspannen kann und stellen Sie sich bereits jetzt vor, wie sich diese Länge anfühlt, wenn Sie wieder am Klavier sitzen. Gehen Sie dann sofort ans Instrument und versuchen Sie, das Körpergefühl beizubehalten bzw. wieder neu hervorzurufen, während Sie die leichte Melodie spielen.

Wundern Sie sich nicht, wenn Sie das Gefühl am Anfang noch schnell verlieren und häufig zwischen dem Ausführen der Übung und dem Spielen des Instruments wechseln müssen.

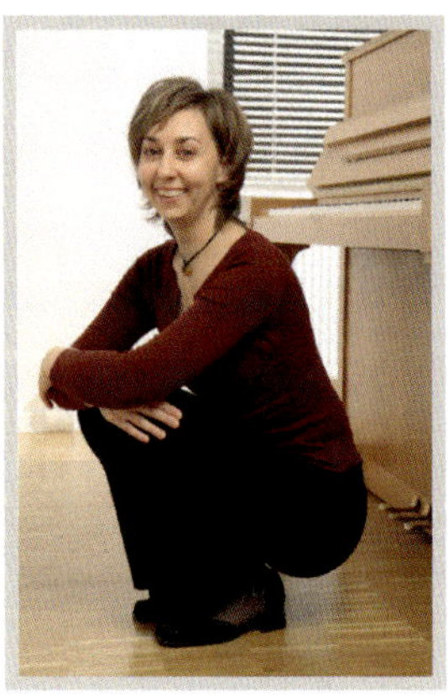

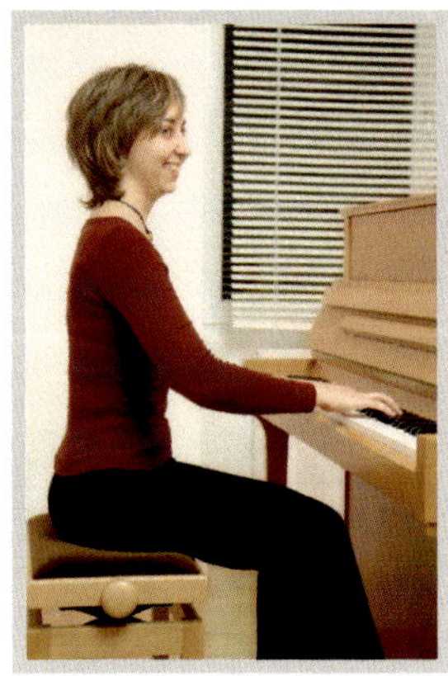

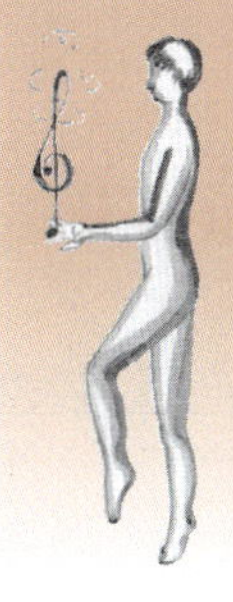

Irritation durch Veränderung

Ein häufig vorkommendes Phänomen bei den Übungen mit dem Instrument ist das Gefühl, nicht mehr richtig spielen zu können. Intervallsprünge klappen nicht oder Töne kieksen. Alles am Instrument fühlt sich fremd und anders an. So schwer es am Anfang auch fällt, lassen Sie sich nicht davon irritieren! Konzentrieren Sie sich auf das Ziel, das Sie sich gesetzt haben und bleiben Sie mit der Wahrnehmung beim dazugehörigen Körperabschnitt. Durch die veränderte Körperposition in der Übung verändert sich auch die Gesamtkoordination. Grundlegende Aspekte des Instrumentalspiels wie Ansatz oder Fingertechnik werden zunächst einmal schwieriger. Versuchen Sie jedoch nicht, trotzdem unbedingt korrekt spielen zu wollen und beispielsweise das Kieksen zu unterbinden. Ignorieren Sie die Störungen und wiederholen Sie Ihre Übung wie oben beschrieben. Machen Sie dann eine kurze Pause, in der Sie das Instrument absetzen, und spielen Sie danach wie gewohnt weiter. Mit der Zeit wird das neue Bewegungsmuster umgesetzt und die Störungen verschwinden von alleine.

Zwei wesentliche Fragen sollen zu dieser Arbeitsweise beantwortet werden:

Ich fühle mich am Instrument jetzt unsicherer als zuvor, wie soll ich da ein Konzert spielen, wenn mir die Kontrolle fehlt?

Diese Unsicherheit resultiert daraus, dass der Körper das neue Bewegungsmuster noch nicht vollständig gelernt hat. Spielen Sie deshalb zur Erleichterung bei Koordinationsübungen mit dem Instrument nur einfache Melodien und kein anspruchsvolles Werk. Nehmen Sie NIE eine Passage aus dem Stück, das Sie zurzeit üben oder aufführen wollen! Sollte sich darin eine Unsicherheit manifestieren, wäre dies in der Tat nicht sinnvoll. Trennen Sie die Bereiche „Koordination mit Melodie" und das Üben von Konzertstücken strikt voneinander, wird sich die anfängliche Irritation bei der Melodie nicht auf das Stück übertragen.

Was bringen die Übungen, wenn ich sie nur 10 – 15 Minuten durchführen soll und danach einige Stunden in der alten Gewohnheitshaltung spiele?

Erzielt man durch die Übungen das gewünschte Klangresultat mit der dazugehörigen Körperwahrnehmung und Spannungsverteilung, ist der Wunsch groß, dass dies möglichst lange anhält. Man möchte dann gerne auch während der restlichen Übezeit den Körper mit einbeziehen und mehr auf Haltung und Position achten. So vernünftig dies klingt – seien Sie damit vorsichtig! Wenn Sie nach der Koordinationsübung wieder an Ihr Stück gehen, denken Sie nicht mehr ständig an Ihre Körperposition, sondern konzentrieren Sie sich auf die Musik!

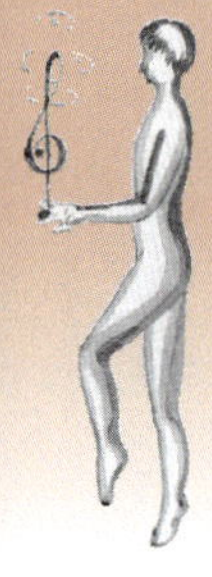

Es dauert zwar insgesamt länger, bis der Körper die neue Verbindung von Klang und Spannung gelernt hat, wenn man täglich nur die empfohlenen 10 – 15 Minuten Koordination übt. Dies ist aber die einzige Möglichkeit dem vorzubeugen, dass man sich später zu sehr mit den Übungen und zu wenig mit der Musik beschäftigt. Die Körperwahrnehmung und die Übungen helfen Ihnen, zu größerer musikalischer Ausdruckfähigkeit zu gelangen, sollen aber nicht im Zentrum Ihres Denkens stehen.

Wahrnehmung der Klangveränderung

Während der Übungen sollten Sie mit Ihrer Wahrnehmung immer unterschiedliche Körperareale durchgehen. Beginnen Sie dabei mit der Region, für die die Übung primär bestimmt ist, wie z.B. auf S. 105 beschrieben die Brust- und Schlüsselbeinregion bei der Übung „Im Gleichgewicht". Beobachten Sie, was in diesem Körperabschnitt passiert, wieviel Spannung vorhanden ist, wieviel Sie davon zum Spielen benötigen und wieviel Sie abgeben können. Spüren Sie dann auch die Veränderung in anderen Bereichen Ihres Körpers. Bei der Übung „Im Gleichgewicht" verändert sich durch die Breite im Schultergürtel die Wahrnehmung der Armlänge sowie durch die Aufrichtung in der Brustwirbelsäule auch die Position der Lendenwirbelsäule. Nehmen Sie diese Veränderungen wahr, lassen Sie sie zu und hören Sie, wie sie sich auf den Klang auswirken.

Beobachten und hören

Sie werden Bereiche entdecken, in denen sich viel Spannung aufbaut. Werten Sie dies nicht gleich negativ, sondern entscheiden Sie anhand der Klangqualität, ob Sie diese Spannung benötigen oder nicht. Man kann sich nicht ununterbrochen locker und entspannt fühlen. Manche Stellen – sei es ein ***fff*** oder ein besonders intensiver Part – brauchen Spannung, da sie sonst musikalisch langweilig werden. Der Klang und die Resonanz Ihres Instrumentes geben Ihnen den Hinweis, ob die Dosierung stimmt. Ist der Klang eng, gedrückt und nicht frei und fühlen Sie sich selbst genauso, befindet sich definitiv zuviel Spannung im Körper, die nicht benötigt wird. Klingt dagegen alles etwas kraftlos, wäre eine gewisse Spannung durchaus gerechtfertigt, auch wenn es am Anfang für Sie anstrengender sein sollte.

Notwendige Spannung am richtigen Ort

Umkehr: Das Instrument als therapeutisches Mittel

Funktioniert die Wahrnehmung der Verbindung Körperspannung-Klang perfekt, können Sie den Prozess umkehren. Sie nutzen dann nicht mehr den Körper, um das Resultat am Instrument zu verbessern, sondern den Klang, um Einfluss auf Muskeln und Gelenke zu nehmen.

Oft baut sich während des Spielens zuviel Muskelspannung auf, die sich nicht direkt in Schmerzen äußert, aber dazu führt, dass Sie sich nach dem Spielen körperlich müde und ausgelaugt fühlen. Es stellt sich ein Gefühl der Schwere ein, von der meistens die Muskulatur der Unterarme und Schultern als erstes betroffen sind. Dies ist nicht nur lästig, sondern kann auf die Dauer auch zu chronischen Überlastungsbeschwerden führen. Lassen Sie daher kein Übermaß an unnötiger Spannung aufkommen.

Da der Überschuss an muskulärer Spannung anfangs nur geringfügig ausgeprägt ist, ist er kaum körperlich wahrzunehmen. Die geringe Spannung hat jedoch bereits eine Auswirkung auf den Klang und die Resonanz. Das heißt, Sie können die Spannung sofort hören, wenn der Klang enger, dünner oder forcierter wird. Hören Sie sich selbst sehr genau zu und wenn Sie eine Abnahme der Resonanz oder Verminderung der Tonqualität bemerken, gehen Sie mit der Wahrnehmung die unterschiedlichen Körperabschnitte der Reihe nach durch, bis Sie den Bereich spüren, in dem sich zuviel Anspannung manifestiert. Bei geringer Spannung reicht meist schon die erhöhte Körperwahrnehmung, damit sich der Tonus von selbst normalisiert. Bei stärkeren Verspannungen wählen Sie die für den Körperabschnitt passenden Übungen aus den jeweiligen Kapiteln aus. Ob die Spannungsverteilung dann später optimal ist, können Sie wiederum über den Klang kontrollieren.

Praktische Übungen mit dem Instrument

Richten Sie bei den Übungen in dieser Gruppe Ihre Wahrnehmung auf folgende Punkte:

- Länge der Lendenwirbelsäule
- Beckenaufrichtung
- Öffnen der Leisten
- Sinken des Kreuzbeins
- Tiefe Atmung mit entspanntem Bauch
- Klangqualität
- Atemlänge
- Phrasierung

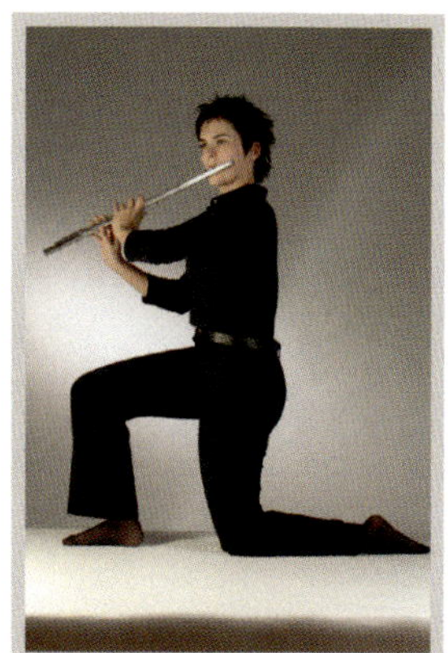

Leistendehnung (s. auch S. 41)
Im Halbkniestand das Becken kippen, so dass der untere Rücken so lang wie möglich ist (Hohlkreuz auflösen). Aus dieser Position das Becken etwas nach vorne schieben. Dabei verstärkt sich die Dehnung in der Leiste und an der Beinvorderseite.

Während des Spielens den Spannungsunterschied im unteren Rücken (zwischen den zwei Beckenpositionen „Hohlkreuz“ und „langer Rücken“) spüren. Nehmen Sie wahr, wie sich die Atmung besser entfaltet, wenn sich die Leisten öffnen können und der Bauch genügend Raum nach vorne hat.

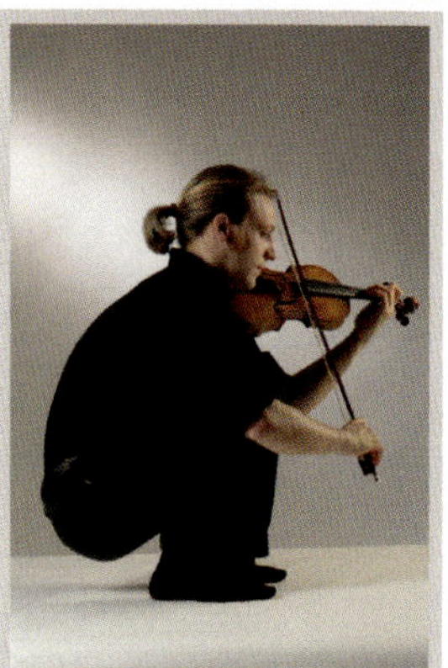

Asiatische Hocke (s. auch S. 42)
Mit geschlossenen oder nur leicht geöffneten Knien in die Hocke gehen. Die Fersen bleiben dabei am Boden. Spüren Sie während des Spielens den Zug des Beckens Richtung Boden und die Dehnung der Wirbelsäule.

Wachsen (s. auch S. 43)
Zusammengesunken auf dem Hocker sitzen.
Wirbel für Wirbel langsam aufrichten, dabei sollte die Bewegung aus der Körpermitte kommen und entspricht eher einem Wachsen als einem aktiven Nachobenziehen.

Beginnen Sie zu spielen, wenn Sie aufrecht sitzen, ohne dass es Ihnen Mühe bereitet. Versuchen Sie, dieses Körpergefühl, während Sie spielen, so lange wie möglich beizubehalten. Bewegen Sie sich dabei am Instrument, wie es die Musik erfordert. Wenn Sie merken, dass das aufrechte Sitzen wieder anstrengend wird, brechen Sie die Übung ab und starten von Neuem.

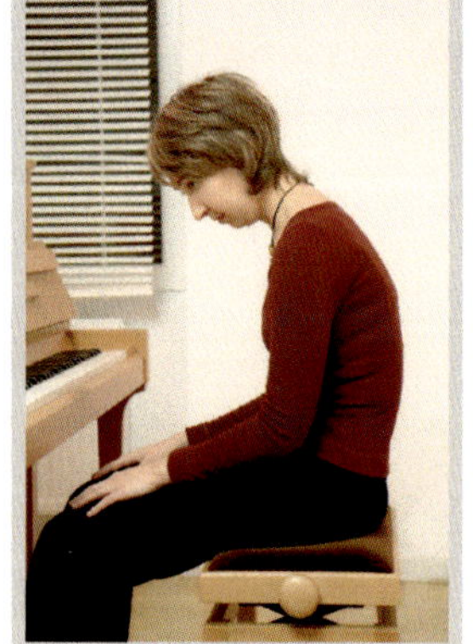

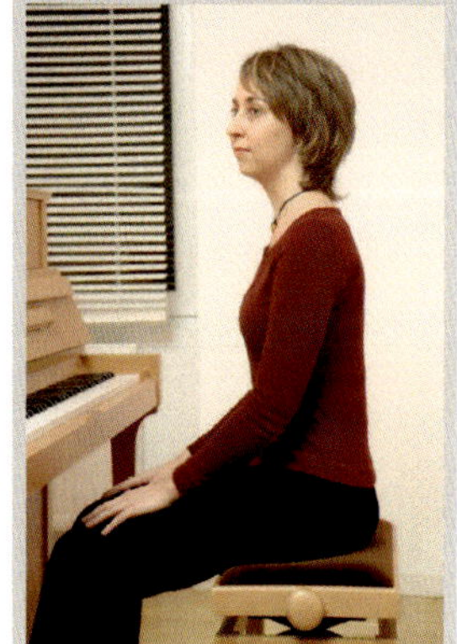

Stehsitz (s. auch S. 44)
Aus dem hüftbreitem Stand mit geradem Rücken leicht in die Knie gehen. Das Kreuzbein sinkt dabei Richtung Boden und der untere Rücken wird länger. Spüren Sie während des Spielens, wie in dieser Stellung die Atmung mit einem entspannten Bauch tiefer wird. Spielen Sie weiter und gehen Sie nach und nach wieder langsam aus der Position zurück in den normalen Stand. Behalten Sie dabei Länge der Wirbelsäule und Tiefe der Atmung bei.

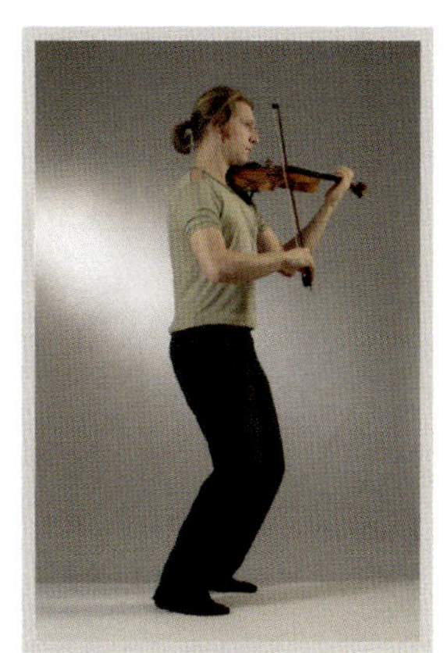

Beckenkippung im Sitz
Auf dem Klavierhocker sitzen. Das Becken vor- und zurückkippen, so dass abwechselnd ein „Hohlkreuz" oder „Rundrücken" entsteht. Die Übung dient zur Lockerung der Wirbelsäulenmuskulatur. Das Tempo kann daher recht zügig sein und Sie können sich auch in den Rundrücken einmal etwas hineinfallen lassen. Während des Spielens die Bewegung allmählich verkleinern, bis Sie in der mittleren Sitzposition etwas vor den Sitzhöckern zum Stopp kommen. Die Kippbewegung dann nur noch so minimal durchführen, dass man sie von außen gar nicht wahrnehmen kann. Hören Sie den klanglichen Unterschied zwischen einer statischen, festen Sitzposition und einer variablen, die die Möglichkeit zur Bewegung bietet.

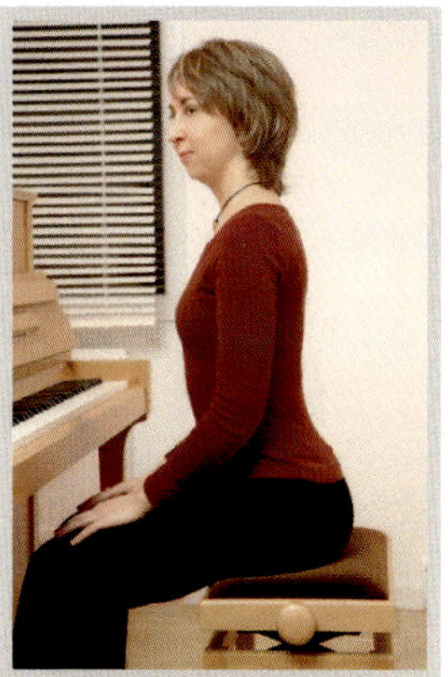

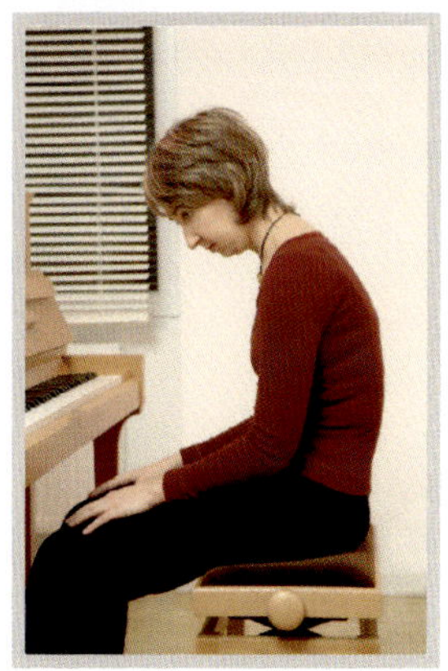

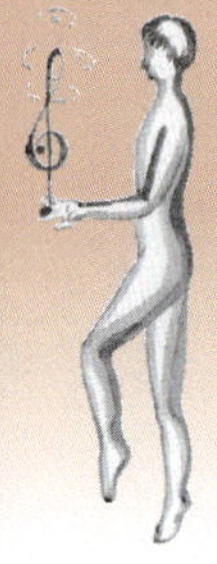

Richten Sie bei den Übungen der folgenden Gruppe Ihre Wahrnehmung auf die Punkte:

- Streckung und Aufrichtung der Brustwirbelsäule
- Orientierung des Brustbeins nach vorne/oben
- Breite des Schultergürtels
- Weite im Schlüsselbeinbereich
- Öffnen des Brustbereichs
- Brillanz und Strahlkraft im Ton
- Tragfähigkeit des Tons
- Bühnenpräsenz

Im Gleichgewicht (s. auch S. 55)

Die Übung erst wie dort beschrieben durchführen, um die angesprochenen Körperregionen optimal zu spüren. Wechseln Sie dann zur modifizierten Version mit dem Instrument, indem Sie ein Bein selbst halten, mit gestrecktem Rücken auf dem Hocker vor und zurück schaukeln und dabei spielen. Hören Sie die Auswirkung auf den Klang durch die Öffnung im Brustbereich.

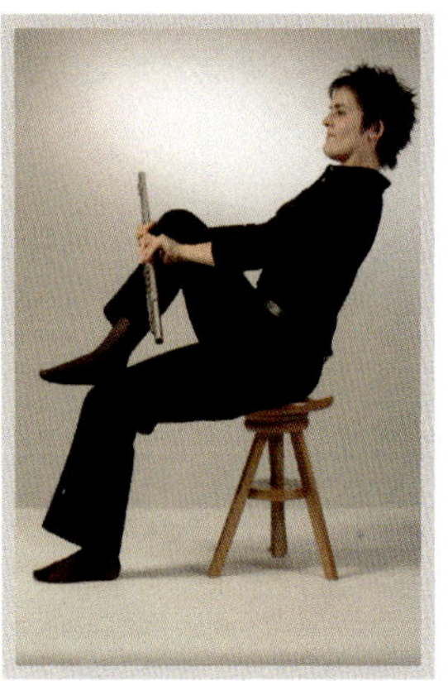

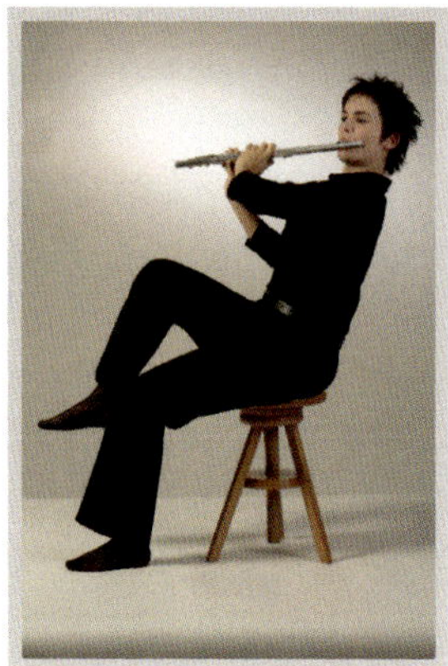

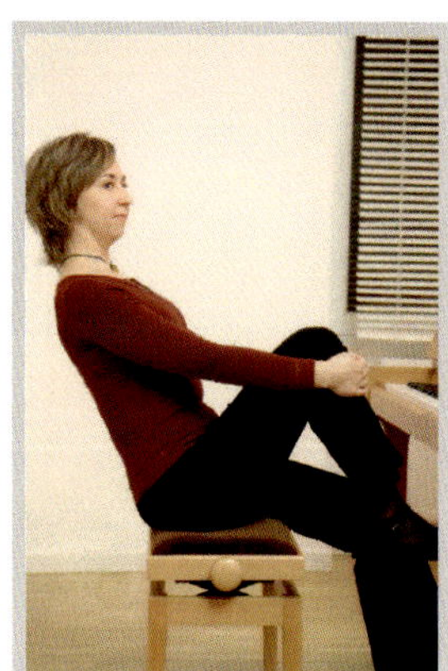

Langsitz (s. auch S. 56)

Mit geradem Rücken und nach vorne ausgestreckten Beinen auf dem Boden sitzen. Spielen Sie in dieser Position und spüren Sie die Ausrichtung des Brustbeins nach vorne/oben. Hören Sie die Projektion des Tones vom Brustbein aus in die Weite des Saales.

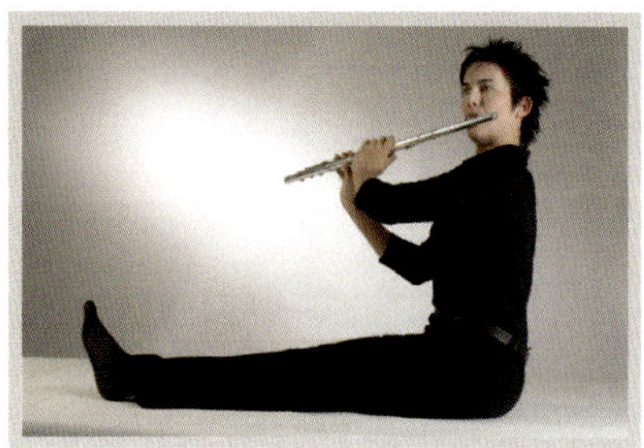

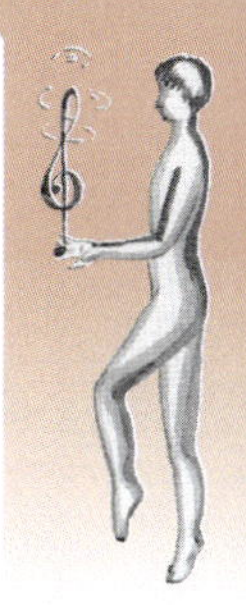

Drehsitz (s. auch S. 56)

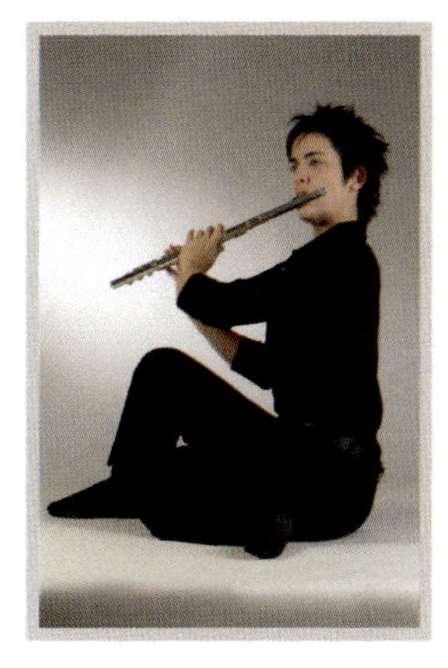

Diese Übung eignet sich aufgrund der Linksrotation besonders gut für die Instrumente Geige, Bratsche und Flöte.

Auf dem Boden sitzen und den linken Fuß über dem rechten Knie abstellen (detaillierte Beschreibung s. S. 56). Mit dem Instrument maximal nach links drehen und während des Spiels die Wirbelsäule und das Brustbein aufrichten. Als Streicher müssen Sie sich etwas mit dem Bogenarm und dem aufgestellten linken Knie arrangieren.

Wichtig ist, dass Sie die deutliche Linksrotation und Streckung der Brustwirbelsäule sowie die tiefe Atmung in den Bauch spüren.

Richten Sie bei diesen Übungen Ihre Wahrnehmung auf folgende Punkte:

- Freier Nacken
- Beweglicher Unterkiefer
- Nichtfixierter Blick
- Kopf balanciert auf der Wirbelsäule
- Freier, offener Klang
- Schnellere Finger
- Allgemeine Mühelosigkeit

Wackeldackel (s. auch S. 58)

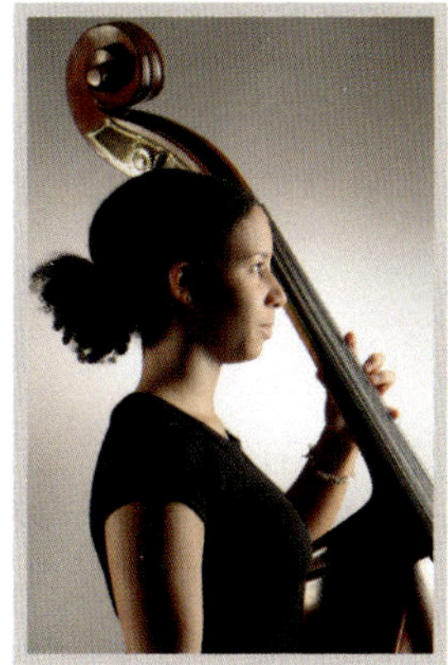

Ganz leicht mit dem Kopf nicken und spüren, wie der Nackenbereich unter der Schädelbasis abwechselnd weit und eng wird. Die Bewegung braucht nicht groß sein. Sie können den Kopf auch leicht zu den Seiten bewegen oder drehen. Während Sie spielen, verkleinern Sie die Bewegung noch weiter, bis sie fast nur noch in ihrer Imagination vorhanden ist. Hilfreich ist auch die Vorstellung einer Verbindung zwischen beiden Ohren, die direkt durch den Kopf geht. Wenn dieser Bereich frei ist, vergrößert sich die Resonanz im Ton, Arm- und Handbewegungen werden leicht.

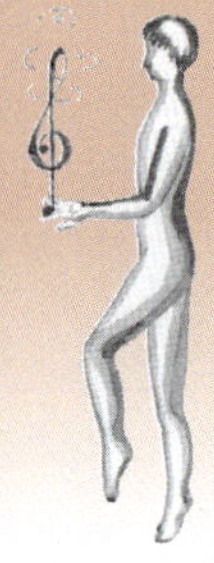

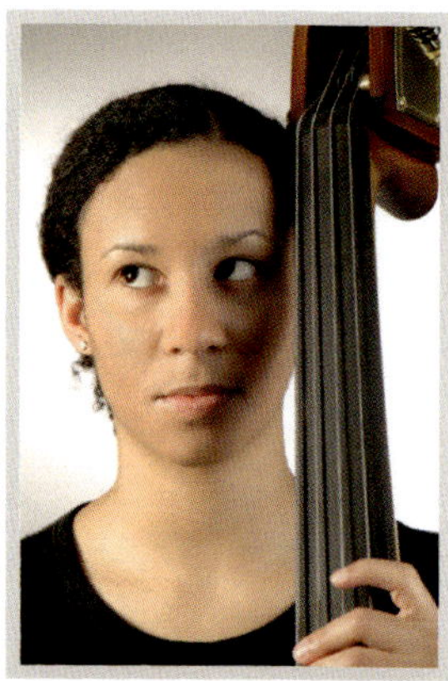

Augenschleife (s. auch S. 63)

Eine schwere, schnelle Stelle aus einem Stück auswählen und beobachten, ob Sie während des Spielens auf das Notenblatt starren. Auch die Verbindung zwischen den Augen und den kurzen Nackenmuskeln wahrnehmen. Dann die Augenschleife wie auf S. 63 beschrieben durchführen und spüren, wie sich eine eventuelle Anspannung im Nacken löst. Das Starren tritt sehr häufig unter schlechten Lichtbedingungen (Operngraben, Kirchen) oder bei hoher Konzentration (Vom-Blatt-Spiel) auf. Versuchen Sie daher so oft wie möglich den Blick kurz vom Notenblatt zu lösen und in die Ferne zu schauen bzw. die Augenschleife durchzuführen. So kann sich erst keine übermäßige Spannung im Nacken manifestieren.

Spannungswächter

Setzen Sie Ihr Instrument an und beginnen Sie zu spielen. Stoppen Sie, setzen Sie ab und nehmen Sie, während Sie noch einmal neu starten, Ihre Kopfgelenke wahr: Wieviel Spannung baut sich auf, noch bevor Sie den ersten Ton gespielt haben? Ist Ihr Nacken frei oder verengt, spüren Sie Verspannungen? Entscheiden Sie für sich selbst, wieviel Spannung Sie benötigen, um spielen zu können und lassen Sie die überflüssige Anspannung weg. Es ist interessant zu beobachten, welche Mechanismen nur in der Erwartung, eine Tätigkeit durchzuführen, im Körper ablaufen. Macht der Kopf-Hals-Bereich schon vor dem Spielen „zu", starten Sie bereits aus einer ungünstigeren Position, als wenn Ihr Nacken lang und frei ist.

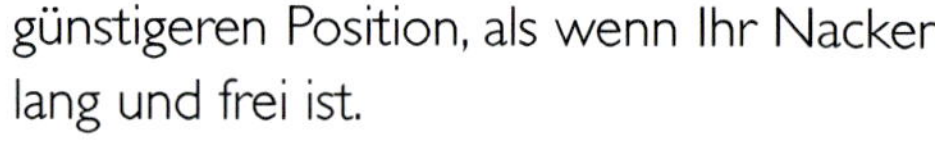

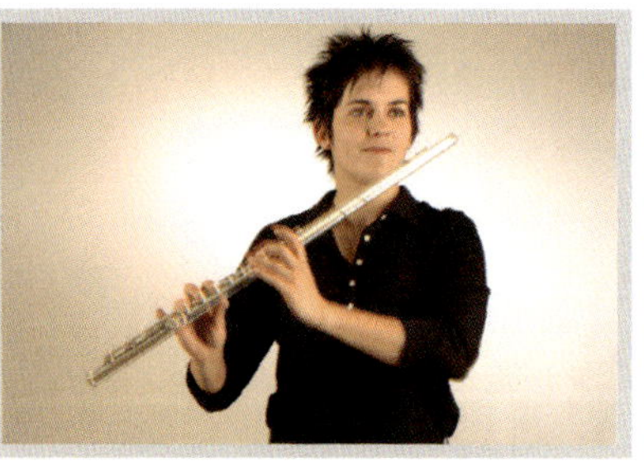

Nur durch Selbstbeobachtung löst der Körper schon vieles von selbst. Zusätzlich können Sie sich das Körpergefühl von Leichtigkeit und Freiheit in den Kopfgelenken vor dem Spielen mental vorstellen. Kommen Sie jedoch nicht in die Versuchung, zuviel aktiv machen zu wollen, dies schlägt meistens sehr schnell wieder in erneute Verspannung um.

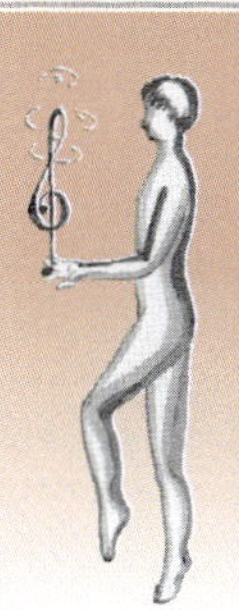

Richten Sie bei den folgenden Übungen Ihre Wahrnehmung auf diese Punkte:

- Leichte, lange Arme
- Bewegliche Schulter- und Ellenbogengelenke
- Weite im Schlüsselbeinbereich
- Natürlich aufgerichtetes Brustbein
- Flexibilität Bogenarm
- Artikulation (Streicher)
- Technische Flexibilität (Pianisten)
- Optimale Kraftentfaltung (Pianisten, Schlagzeuger)
- Freie Atmung
- Klangqualität

Armpendel mit Bogen

Nach vorne beugen. Der rechte Arm hängt dabei entspannt nach unten. Nun den Arm locker wie ein Pendel hin und her schwingen, die gesamte Bewegung sollte dabei unkontrolliert und kraftlos sein. Zügig aus dem Rücken aufrichten und den Arm in der Bewegung mit nach oben über den Kopf nehmen. Eine Weile in dieser Position verharren.

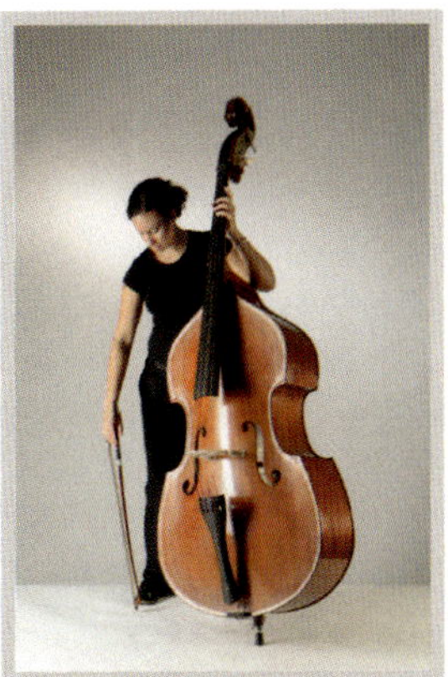
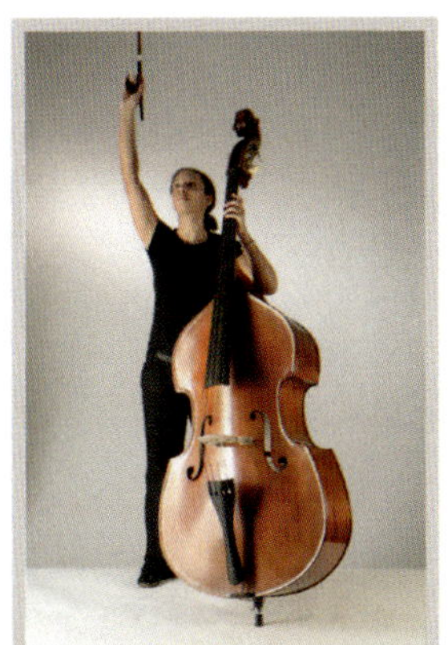
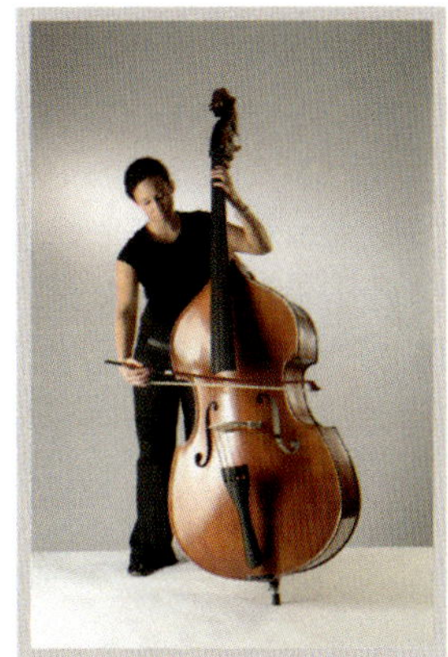

Nach zwei bis drei Wiederholungen ohne Instrument nehmen Sie Ihren Bogen in die rechte, Ihre Geige/Bratsche/Cello/Bass in die linke Hand und führen die Übung genauso mit dem Bogenarm durch. Der rechte Ellenbogen muss dabei etwas gebeugt werden, um mit dem Bogen nicht auf den Boden zu stoßen. Der wichtige Teil der Übung ist jedoch das schwungvolle Aufrichten, bei dem der Arm von selbst mühelos nach oben mitkommt. Fangen Sie direkt aus der oberen Armposition an zu spielen und spüren Sie die Leichtigkeit in der Bogenführung. Pianisten und Schlagzeuger führen diese Übung mit beiden Armen durch.

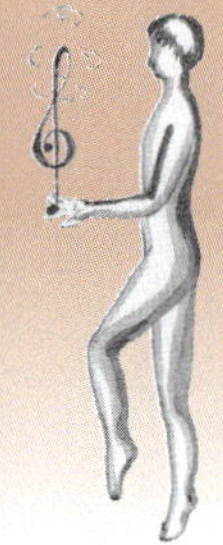

Spannungslöser (s. auch S. 58)

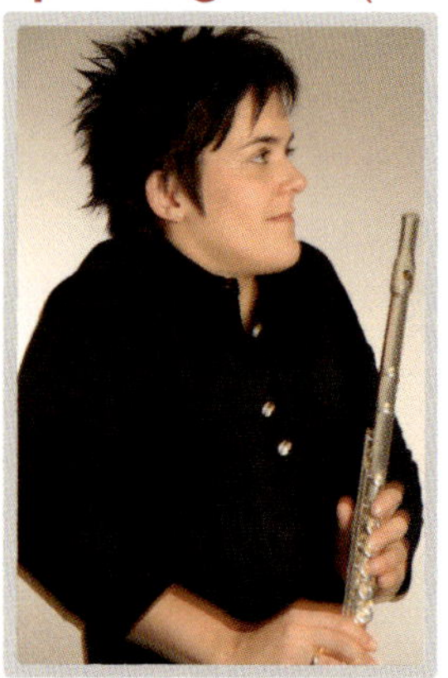

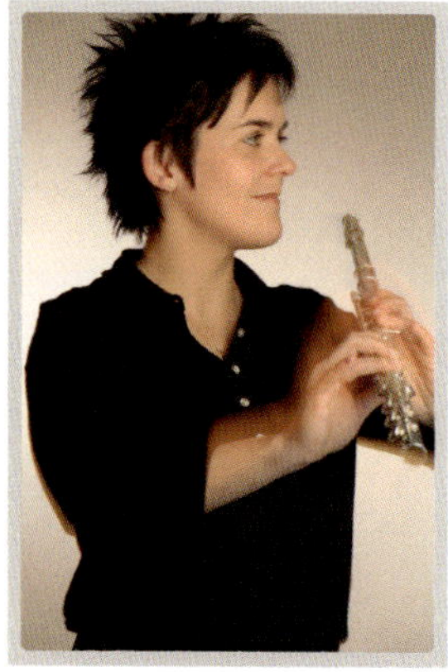

Mit Instrument stehen oder sitzen. Beide Schultern mit der Einatmung nach oben Richtung Ohren ziehen. Schnell in einem Stoß durch den Mund ausatmen, dabei die Schultern plötzlich fallenlassen. Währenddessen das Instrument ansetzen, erneut einatmen, ohne die Schultern hochzuziehen und beginnen zu spielen. Spüren Sie, wie die Schultern entspannt unten bleiben können und die Einatmung – auch wenn Sie kein Blasinstrument spielen – tiefer in den Bauch gehen kann.

Armkreise (s. auch S. 73)

Einen Schritt von der Wand entfernt stehen, der gesamte Rücken liegt an. Das Instrument in die Hand nehmen und wie in Kapitel 4 beschrieben beide Arme heben und sie in Kreisen vor dem Körper bewegen. Spüren Sie, wie leicht sich die Arme bewegen können, ohne dass Sie zusätzlich im Schultergürtel anspannen müssen. Nehmen Sie die Weite im Brustbereich und um die Schlüsselbeine wahr und beginnen Sie aus der Kreisbewegung heraus das Instrument anzusetzen und zu spielen.

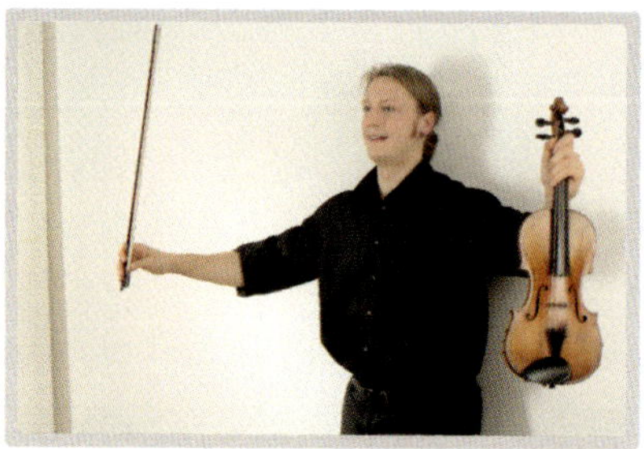

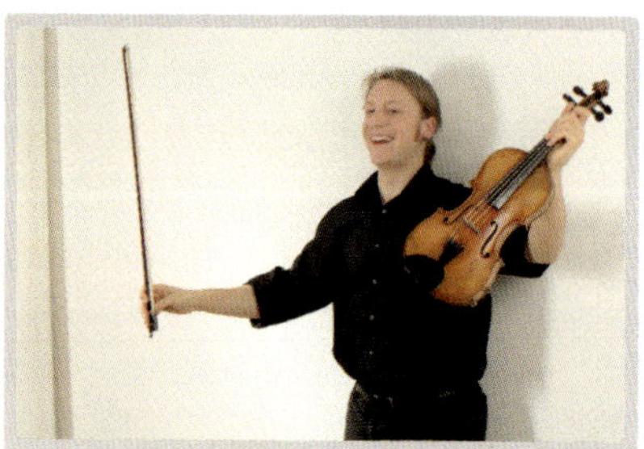

Bassisten halten ihr Instrument mit der linken Hand und führen die Kreise nur mit der rechten Hand und dem Bogen durch. Für Cellisten gilt das gleiche, allerdings führen sie die komplette Übung im Sitzen aus. Pianisten, Organisten, Harfenisten, Gitarristen, oder Schlagzeuger machen die Übung nur wie bereits in Kapitel 4 beschrieben, merken sich das Körpergefühl und setzen sich mit der verbesserten Wahrnehmung direkt ans Instrument.

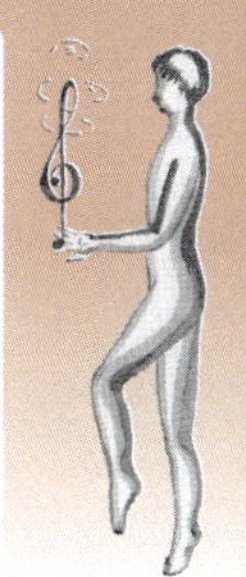

Armlänge (s. auch S. 73)

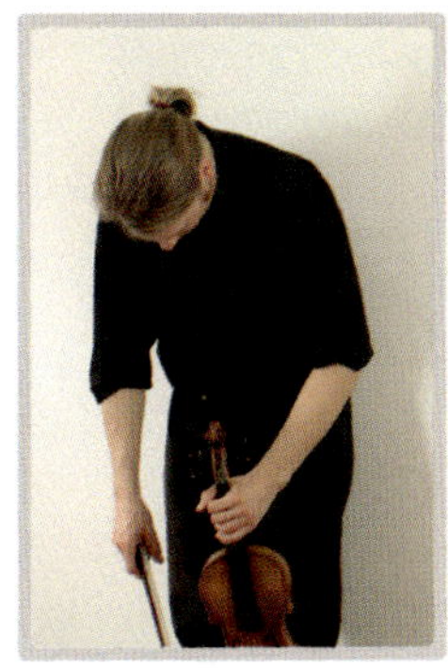

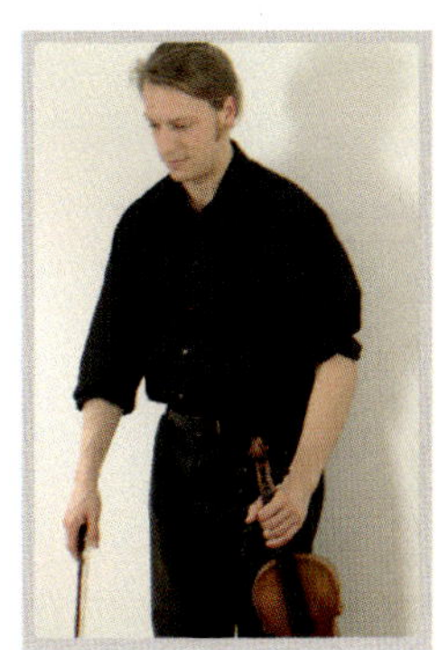

Führen Sie die Übung wie auf S. 73 beschrieben durch, behalten Sie dabei aber Ihr Instrument in den Händen. Sie sollten nach dem Aufrollen der Wirbelsäule trotz des Gewichts des Instruments das Gefühl von leichten, langen Armen haben. Verharren Sie einen Moment in der Endposition und setzen Sie dann mit diesem Körpergefühl Ihr Instrument an und beginnen zu spielen. Für Pianisten, Organisten, Gitarristen, Schlagzeuger und Harfenisten gilt das Gleiche wie in der vorigen Übung: Führen Sie die Übung ohne Instrument durch und übertragen Sie dann das Körpergefühl von Länge und Leichtigkeit.

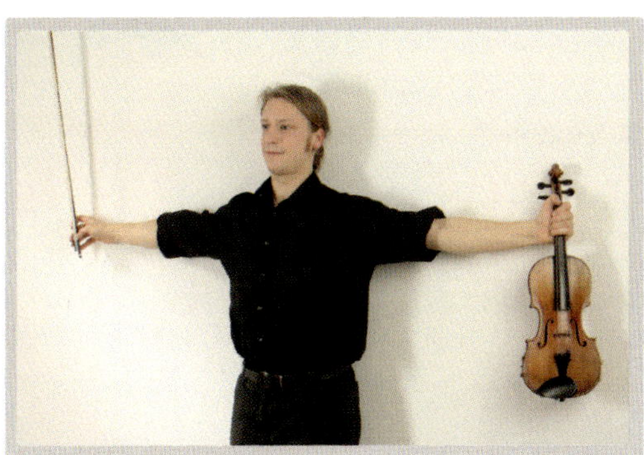

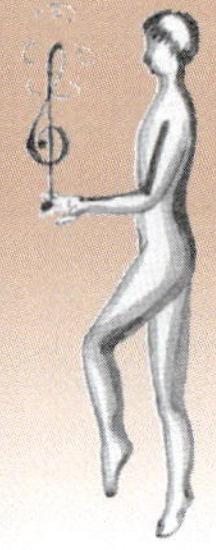

Richten Sie bei den Übungen in dieser Gruppe Ihre Wahrnehmung auf folgende Punkte:

- Stabiles Handgewölbe
- Verbindung Finger-Schulterblatt
- Stabilität Fingerendgelenke
- Klarer Tonanfang
- Substanz im Ton
- Präzise Fingertechnik

Terzen

Am Klavier sitzen. Eine Terz mit 1 – 3 anschlagen und das Handgewölbe stabilisieren (s. Seiten 76 und 77). Diese Terz liegenlassen und die andere Terz mit den Fingern 2 und 4 Staccato spielen (zehn Wiederholungen). Das Handgewölbe und die Stabilität von 1 – 3 darf trotz der Aktivität von 2 – 4 nicht aufgegeben werden.

Gehen Sie alle möglichen Kombinationen mit beiden Händen in verschiedenen Tonarten durch.

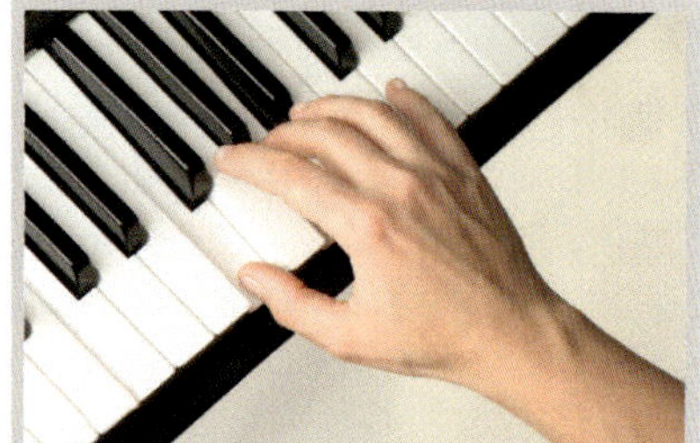

Stabilität: 1 – 3 > Staccato mit 2 – 4
Stabilität: 3 – 5 > Staccato mit 2 – 4
Stabilität: 2 – 4 > Staccato mit 1 – 3 + 3 – 5

Variante: Führen Sie die gleiche Übung mit nur einem Finger als stabilem Pol am Instrument durch (s. „Fingerstabilität", S. 77) oder wählen Sie andere Intervalle.

Hängebrücke

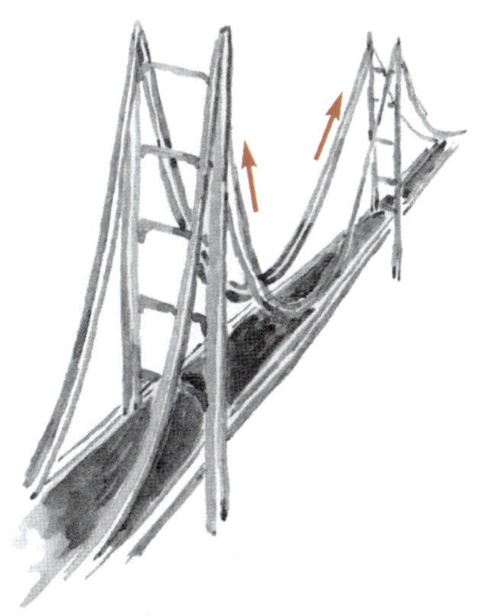

Am Tisch sitzen. Ein Finger übt Druck auf die Tischplatte aus. Das Handgewölbe ist aufgebaut. Eine Verbindung von der Fingerkuppe bis zum Schulterblatt vorstellen. Die Schulter einige Male nach oben ziehen, und sie dann locker nach unten fallen lassen. Das Schulterblatt gleitet dabei automatisch nach hinten/unten/außen (s. auch Übungen für die Brustwirbelsäule ab S. 45). Die Fingerkuppe und das Schulterblatt sind nun die zwei stabilen Pole des Arms, zwischen denen sich die restlichen Gelenke (Schultergelenk, Ellenbogen, Handgelenk) frei bewegen können. Stellen Sie sich eine Hängebrücke mit zwei Pfeilern und beweglicher Verspannung dazwischen vor.

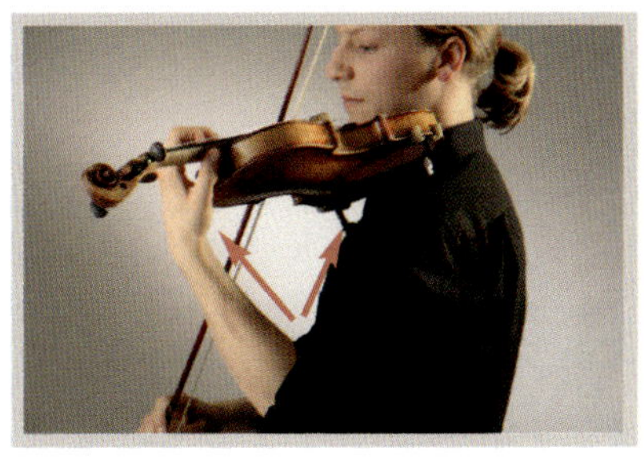

Nachdem Sie die Stabilität der Eckpfeiler aufgebaut haben, bewegen Sie das Schulter-, Ellenbogen- und Handgelenk flüssig in alle Richtungen. Eine exakte Abfolge ist dabei nicht wichtig, sondern die Wahrnehmung von Bewegungsfreiheit zwischen zwei Polen.

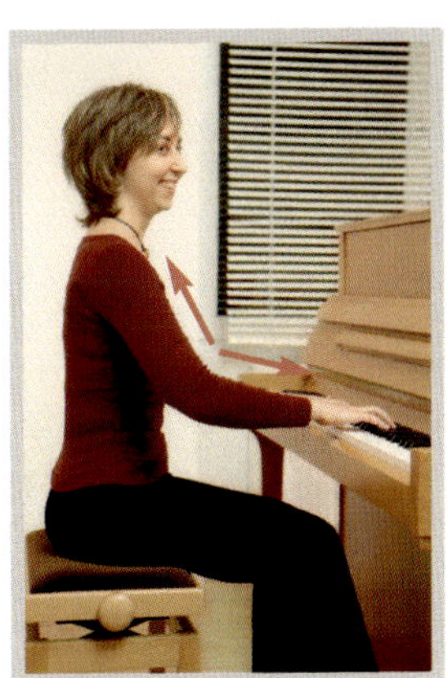

Führen Sie diese Übung an Ihrem Instrument durch und nehmen Sie auch dort die Spannungsunterschiede zwischen den „Stützpfeilern" (Schulterblatt und Fingerkuppe) und den „Seilen" (restlicher Arm) wahr.

Die „Hängebrücke" eignet sich besonders gut für Pianisten (beide Arme) und Streicher (linker Arm). Pianisten schlagen eine beliebige Taste an und wiederholen die Übung nacheinander mit allen Fingern. Streicher greifen die Töne mit verschiedenen Fingern in den unterschiedlichen Lagen.

Beachte: *Die Stabilität der zwei Pole soll nicht mit einer Unbeweglichkeit oder einem verkrampften Festhalten gleichgesetzt werden. Es muss immer die Möglichkeit der Bewegung gegeben sein, wenn es das Instrument oder Stück erfordert („dynamische Stabilität").*

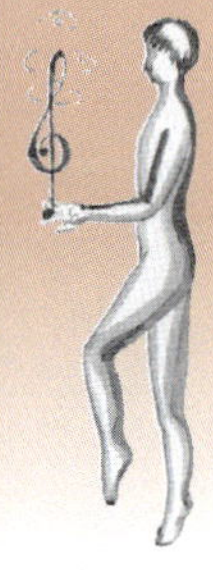

Große Griffe und Akkorde

Je größer der Akkord am Instrument, umso schwerer ist es, das Handgewölbe aufrecht und die Finger stabil zu halten. Bläser sind von dieser Problematik kaum betroffen, daher ist diese Übung nur für Streich- und Tasteninstrumente bzw. Harfe und Gitarre geeignet. Das folgende Beispiel bezieht sich auf das Klavier, kann aber in modifizierter Form auf Saiteninstrumente übertragen werden. Greifen Sie einen Akkord in Grundstellung und bauen Sie ein gutes Handgewölbe auf (s. S. 76). Ändern Sie dann den Fingersatz und nehmen Sie die Oktave dazu. Das Handgewölbe bleibt dabei immer noch stabil. Spielen Sie danach den Akkord in seinen Umkehrungen. Je nach Tonart werden Sie feststellen, dass es ab einer bestimmten Spanne nicht mehr möglich ist, das Gewölbe aufrecht zu erhalten und dass die Mittelhand kollabiert. Versuchen Sie mit der Zeit, dieses persönliche Limit etwas zu erweitern.

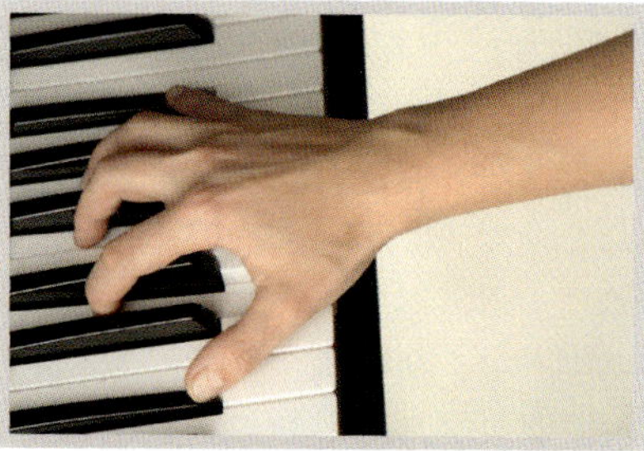

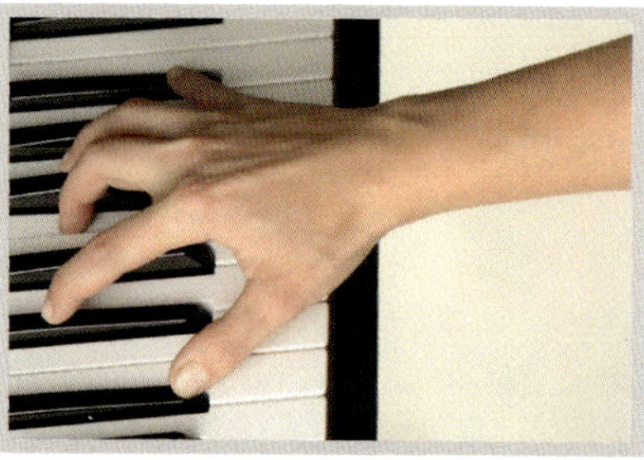

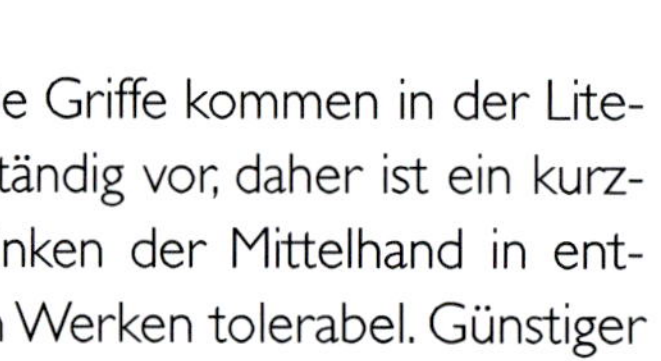

Extrem große Griffe kommen in der Literatur nicht ständig vor, daher ist ein kurzzeitiges Einsinken der Mittelhand in entsprechenden Werken tolerabel. Günstiger ist es jedoch, wenn die unkoordinierte Handposition so selten wie möglich auftritt. Aufgrund der individuellen anatomischen und funktionellen Voraussetzungen sind die Grenzen und Möglichkeiten sehr unterschiedlich. Eine kleine Spannweite muss für den gesamten Bewegungsablauf kein Hindernis darstellen. Akzeptieren Sie deshalb auch, wenn Sie trotz der Übungen Ihre Grenze erreicht haben.

Variante: Greifen Sie eine Oktave (große Hände eine Dezime) mit 1–5 und gutem Gewölbe und bilden Sie mit den Fingern 2, 3, 4 unterschiedliche Akkorde dazwischen. Nehmen Sie den deutlichen Unterschied in der Anforderung an die Hand je nach Tonart wahr. Dies ist hier gut am Beispiel B-Dur und b-Moll zu spüren:

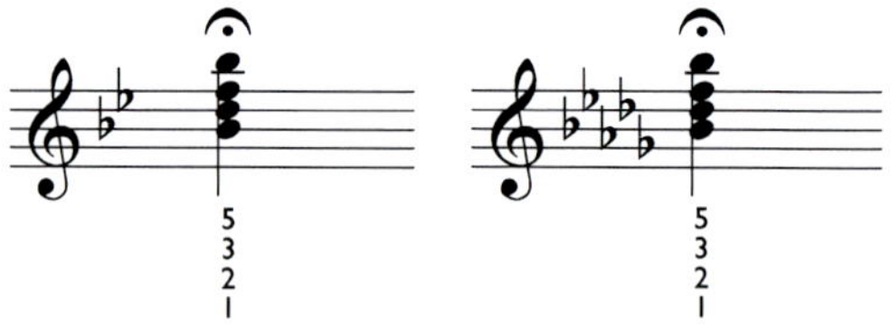

***Beachte:** Es kann sich viel Spannung in der Hand aufbauen. Machen Sie die Übung deshalb nicht länger als fünf Minuten am Stück.*

Chromatische Wahrnehmung

Spielen Sie ein mittelgroßes Intervall, z. B. eine Sexte, mit den Fingern 1–5. Vergrößern Sie das Intervall in chromatischen Schritten und beobachten Sie dabei, wie sich das Handgewölbe von einer engen Position ausgehend nach und nach weitet, bis es einsinkt. Versuchen Sie, es auch bei dem für Sie größten Intervall wieder aufzubauen.

Der angegebene Notentext und Fingersatz ist beispielhaft. Sie können die Übung auch auf andere Finger und Tonarten übertragen. Streicher und Gitarristen führen die Übung mit der linken Hand durch.

Üben Sie auch die „Chromatische Wahrnehmung" nicht länger als fünf Minuten.

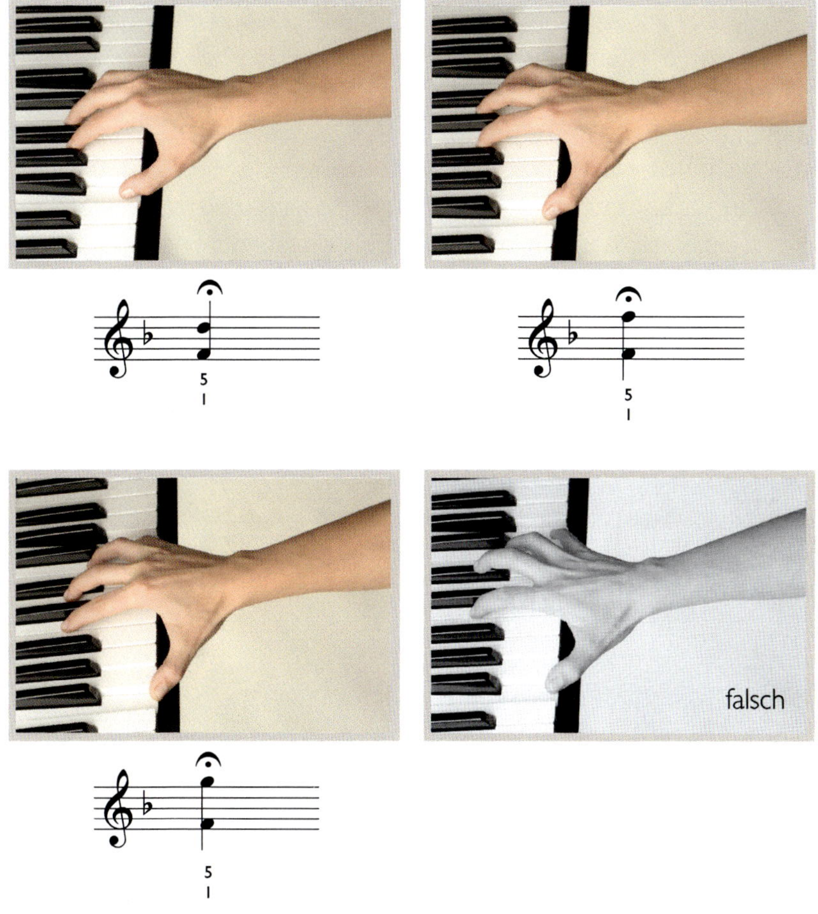

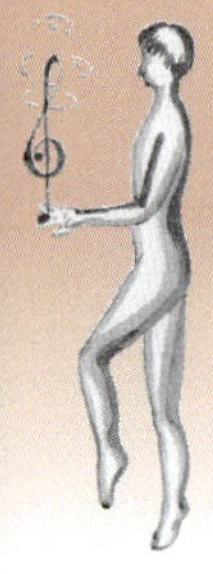

Richten Sie bei diesen Übungen Ihre Wahrnehmung auf folgende Punkte:

- Atemfluss
- Wechsel von Ein- und Ausatmung
- Phrasierung
- Wechsel von Spannung und Entspannung
- Musikalischer Fluss

Wahrnehmungsübung: Lange Ausatmung

Die folgende Übung löst übermäßige Anspannung der Atemmuskulatur und unwillkürliches Anhalten des Atems während des Spielens. Sie ist jedoch nur für Nicht-Bläser geeignet.

Spielen Sie Ihr Stück und atmen Sie dabei laut hörbar auf „ffff" aus. Ignorieren Sie hierbei die Phrasierung und atmen Sie so lange aus, wie Sie können. Lassen Sie dann die Luft von selbst einströmen und atmen Sie weiter auf „ffff" aus, ohne das Spiel dabei zu unterbrechen. Drei bis fünf Mal wiederholen, dann einige Male normal durchatmen.

Gerade Nicht-Bläser halten oft ungewollt während des Spiels die Luft an. Oft geschieht es aus Konzentration oder erhöhter Spannung vor schwierigen Stellen und wird vom Spieler selbst nicht bemerkt. Die Ausatemübung dient dazu, diese überflüssige Anspannung hörbar zu machen und dadurch auflösen zu können. Integrieren Sie diese Übung daher von Zeit zu Zeit in Ihren Übeplan, aber achten Sie darauf, dass Sie danach wieder musikalisch und der Phrasierung entsprechend ein- und ausatmen.

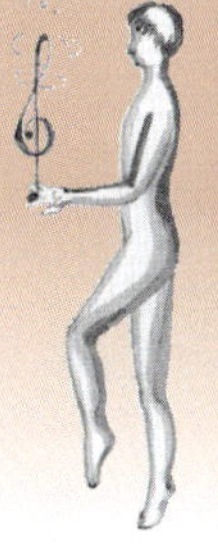

Richten Sie bei den folgenden Übungen Ihre Wahrnehmung auf die Punkte:

- Grundspannung
- Stabiler Rumpf bei gleichzeitiger Mobilität der oberen Extremität
- Musikalische Spannkraft
- Kraftübertragung
- Sicherheit

Einbeinstand mit Instrument (s. auch S. 93)

Stehen Sie im Einbeinstand, während Sie spielen.

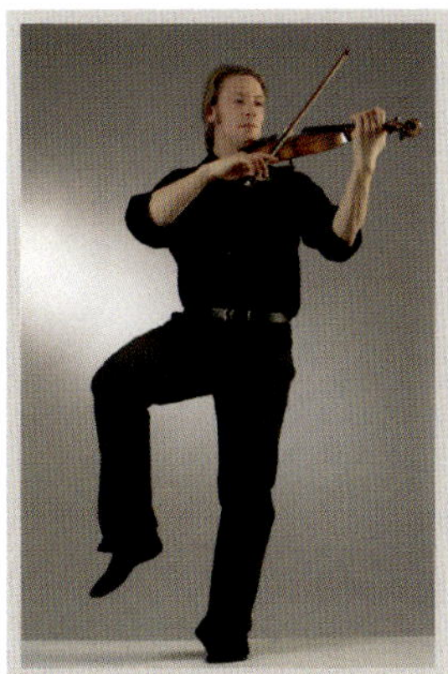

Variante: Einbeinstand mit Kreisen

Beschreiben Sie mit dem freien Bein Kreise in der Luft. Sie können auch Ihren Namen schreiben oder sich andere Figuren ausdenken. Stehen Sie trotz der Bewegung so stabil wie möglich und spielen Sie weiter.

Zehenstand

Stellen Sie sich während des Spielens auf beide Zehenspitzen. Wenn Sie in dieser Position sicher sind, können Sie in den Einbein-Zehenstand wechseln.

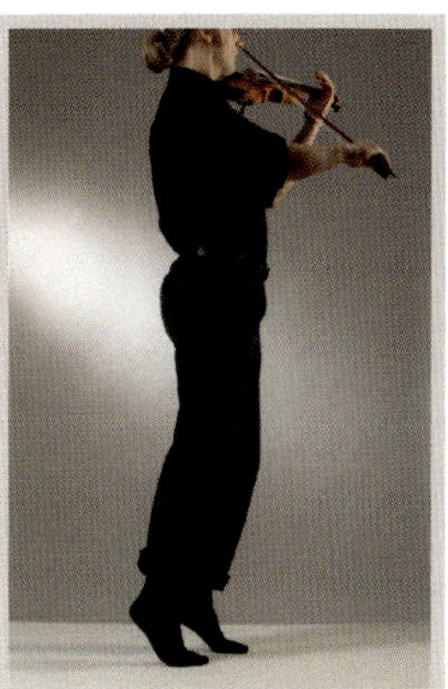

Prävention

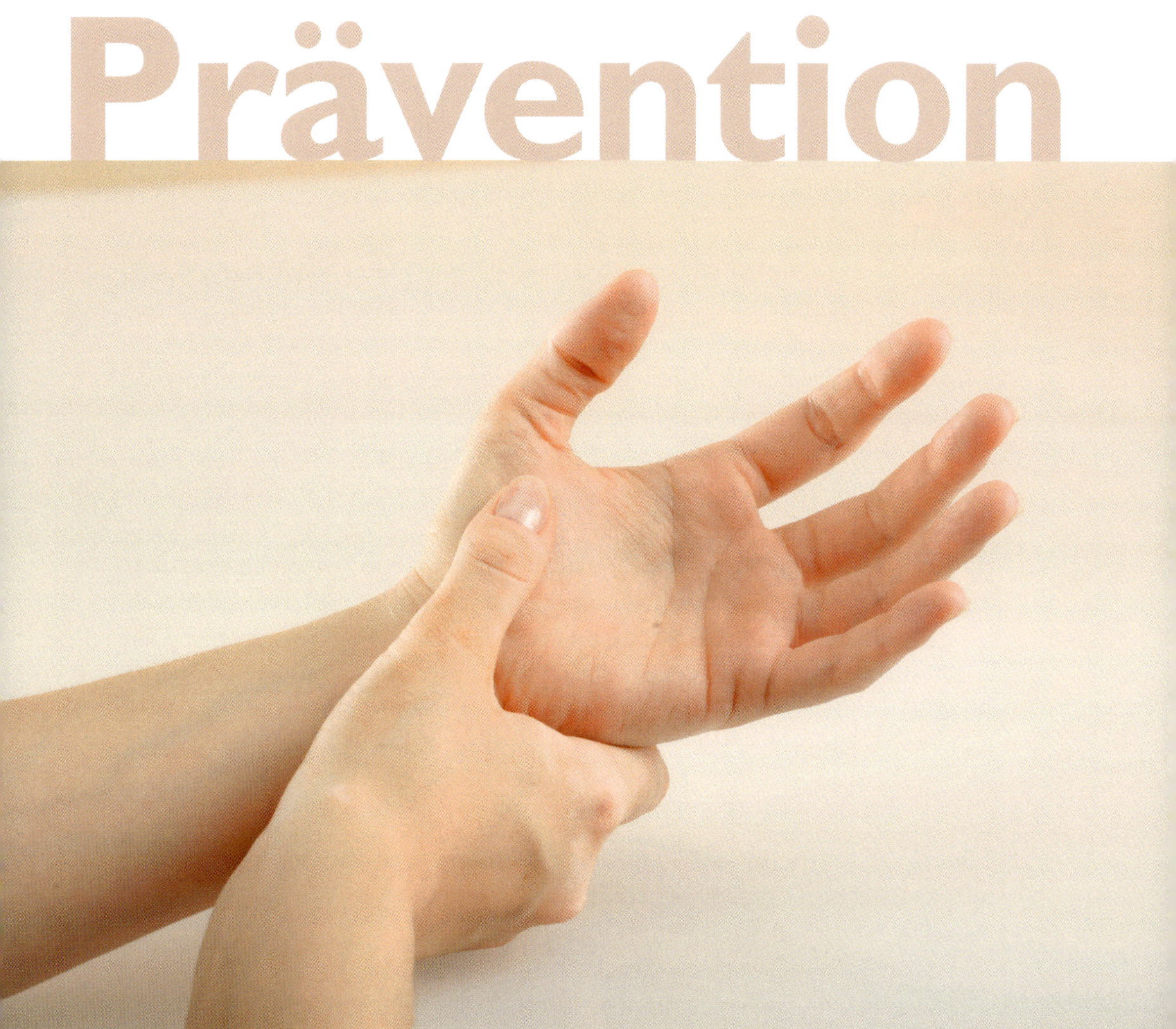

ZM 00030

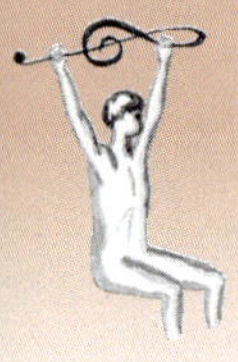

Prävention

Die Vorbeugung von Beschwerden und Krankheiten nimmt heutzutage auch unabhängig vom Beruf des Musikers einen immer größeren Stellenwert ein. Die Präventionsarbeit direkt am Instrument versteht sich daher nur als ein spezieller Baustein innerhalb eines breiten Spektrums. Wie schon im Kapitel 2 erwähnt, setzt sich die Belastung des Körpers aus der instrumentalspezifischen Anforderung und der Alltagsbelastung mit ihren Haltungsgewohnheiten zusammen. So wie man das Instrument nicht für eventuelle Probleme alleine verantwortlich machen kann, kann man auch nicht nur vom Instrument ausgehend Prävention betreiben.

Verhaltens- und Verhältnisprävention

Die Prävention, auch Prophylaxe genannt, hat die Vermeidung von Krankheiten zum Ziel. Man unterscheidet drei Stufen: die primäre, sekundäre und tertiäre Prävention.

Die primäre Prävention verbessert den allgemeinen Gesundheitszustand und verhindert die Entstehung von Krankheiten. Die sekundäre Prävention zielt darauf ab, Krankheiten im Frühstadium zu erkennen und zu behandeln. Die tertiäre Prävention beugt Krankheitsrückfällen vor und versucht, die Verschlechterung von bereits bestehenden Krankheiten zu verlangsamen und weitere Folgeschäden zu vermeiden. Je nachdem, in welchem Alter und in welcher Verfassung sich ein Musiker befindet, können alle drei Formen zutreffen.

Eine besonders wichtige Rolle spielen Verhaltens- und Verhältnisprävention. Bei der Verhaltensprävention wird die Person dazu motiviert, Risiken zu vermeiden und sich gesundheitsfördernde Verhaltensweisen anzugewöhnen. Dies geschieht durch Information und Aufklärung. Die Verhältnisprävention betrifft verschiedene Lebensbereiche z. B. Arbeit, Freizeit, Umwelt und Familie. In diesen Bereichen werden die Umstände so günstig wie möglich gestaltet und dadurch Risiken vermindert.

Sowohl Verhaltens- als auch Verhältnisprävention bilden die Grundlage für ein musikerspezifisches dreiteiliges Präventionsprogramm:

- Bestmögliche Gestaltung des Umfelds
- Koordinierte Bewegung am Instrument und im Alltag
- Differenziertes Hören von Klangveränderungen

Gestaltung des Umfelds

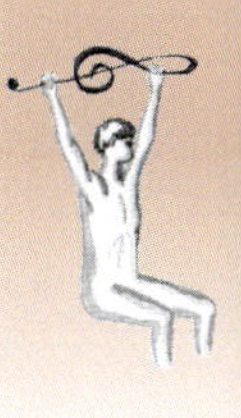

Das Umfeld fällt unter die Rubrik Verhältnisprävention, wobei man zwischen dem instrumentenunabhängigen räumlichen und dem instrumentenabhängigen musikalischen Umfeld unterscheidet.

Unabhängig vom Instrument sollten Sie bei der Prävention auf folgende Punkte in Ihrem räumlichen Umfeld achten:

- Richtige Stuhlhöhe, gut angepasste Sitzfläche und Lehne
- Richtige Höhe und Position des Notenständers
- Optimale Temperatur und Luftfeuchtigkeit
- Ausreichende Sicht und Beleuchtung
- Gut lesbares Notenmaterial
- Passende Raumgröße und Akustik

Arbeitsschutz und Arbeitsmedizin geben für viele Bereiche Richt- und Grenzwerte vor. Diese hier alle aufzuführen würde den Rahmen sprengen. Im Anhang finden Sie weitere Informationen.

Das instrumentenabhängige musikalische Umfeld setzt sich aus allen äußeren Bedingungen zusammen, die direkt mit der Musik und dem Instrument zu tun haben. Präventive Arbeit ist unter anderem bei folgenden Punkten möglich:

- Geeignete Literaturauswahl
- Geeignete Instrumentenwahl
- Optimale ergonomische Anpassung von Instrument und Material
- Sinnvolle Übegestaltung (siehe Allgemeine Überichtlinien S. 16)
- Vertrauensvolles Verhältnis zum Instrumentallehrer

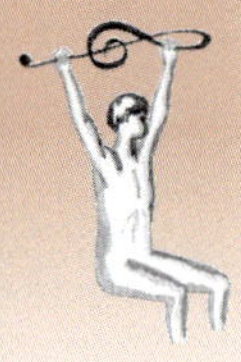

Koordinierte Bewegung am Instrument und im Alltag

Bei einer koordinierten Bewegung sind die beteiligten Gelenke zentriert, die Achsen korrekt ausgerichtet und die Muskulatur befindet sich im Gleichgewicht. In dieser Optimalsituation verteilen sich Druck und Kräfte gleichmäßig und die Gewebestrukturen werden geschont. Damit diese physiologisch günstige Ausgangssituation möglichst lange bestehen bleibt, sind Sie selbst in Ihrem Verhalten gefordert.

Das bedeutet:

- Gute Instrumentaltechnik
- Ausgeglichene Grundhaltung mit und ohne Instrument

Die tägliche Präventionsarbeit richtet sich nach Ihren jeweiligen persönlichen Stärken und Schwächen. Bei der Selbstbeobachtung in Kapitel 2 sowie durch Rückmeldungen anderer Personen haben Sie eine Chance, diese herauszufinden. Die Verbesserung routinemäßiger, schlechter Bewegungsgewohnheiten im Alltag sowie die Durchführung eines regelmäßigen Ausgleichsprogramms sind eine Form der Verhaltensprävention.

Differenziertes Hören

Bevor es überhaupt zu körperlichen Beschwerden beim Spielen kommt, liegt häufig schon länger eine koordinativ unzureichende Situation vor. Vor allem ungünstige Bewegungsmuster laufen meist vom Spieler unbemerkt ab und können sich dadurch zu einem Problem ausweiten. In dieser Anfangsphase tritt jedoch bereits eine Veränderung des Klanges ein und hier haben Sie die Möglichkeit einzugreifen. Hören Sie sich selbst beim Üben aufmerksam zu, können Sie Veränderungen des Klanges, insbesondere der Resonanz bemerken. Ist ihr Ton nicht frei oder klanglich variabel, ist die Spannungsverteilung im Körper auch nicht optimal. Zu diesem Zeitpunkt sind Sie wahrscheinlich mit Ihrer musikalischen Qualität nicht zufrieden, leiden aber noch nicht unter körperlichen Beschwerden. Um diesen vorzubeugen, sollten Sie das Hören nicht nur als musikalisches sondern auch als präventives Mittel einsetzen.

Die Rolle des Instrumentallehrers in der Prävention

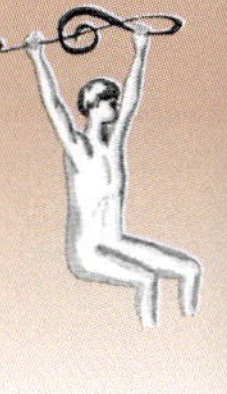

Der Instrumentallehrer trägt die Verantwortung für den Lehrinhalt seines Unterrichts. Dieser sollte nicht nur das reine Vermitteln der instrumentalen Fähigkeiten beinhalten, sondern dem Schüler auch den Horizont für weitere musikbezogene Themen öffnen. Dazu gehört auch die Prävention.

In erster Linie betrifft dies die Haltung am Instrument und die Technik. Beides muss dem Alter des Schülers entsprechend gewissenhaft vermittelt und korrigiert werden. Vermeiden Sie jedoch, dies mit der Androhung möglicher späterer Krankheiten zu begründen. Eine weitaus wirksamere Motivationsmethode ist die Aussicht auf ein leichteres, besseres Spiel.

Umsicht sollten Sie als Lehrer auch zeigen, wenn es um die Stückauswahl und das Üben geht. Mit zu schweren Stücken kämpft der Schüler mitunter vergeblich, was nicht gerade zu einer ausgeglichenen Haltung beiträgt. Auch bietet es sich an, allgemeine Überichtlinien z. B. im Unterrichtsraum auszuhängen oder mit den Schülern einen Übe- und Zeitplan für zu Hause zu entwerfen. Wer von Anfang an gewohnt ist, regelmäßige Kurzpausen sowie Auf- und Abwärmübungen in die Übezeit zu integrieren, kennt es später nicht anders und gerät nicht so schnell in eine Überlastungssituation.

Als Lehrer selbst hat man auch in seinem Verhalten immer eine Vorbildfunktion inne. Eine kurze körperliche Vorbereitung auf das Spielen sollte daher nicht nur für das häusliche Üben, sondern auch für den Unterricht gelten. Wenn man zwar Präventionsratschläge verteilt, sie aber nicht selbst beherzigt, wirken diese für den Schüler schnell überflüssig und unglaubwürdig.

Für Vorspiele oder Prüfungen können Sie mit dem Schüler gemeinsam eine Strategie entwerfen. Dies betrifft sowohl den Übe- und Probenplan als auch den Umgang mit Nervosität. Man kann häufig eine Zunahme von Überlastungsbeschwerden vor der Prüfungszeit feststellen, da das Spielpensum plötzlich erhöht wird. Die nervliche Belastung trägt weiterhin dazu bei, dass sich wesentlich schneller Verspannungen aufbauen, die dann in Schmerz umschlagen. Um das zu vermeiden, sind umsichtige Vorausplanung sowie Techniken zur Angstbewältigung hilfreich (siehe auch Linda Langeheine „Lampenfieber ade", ZM 00028).

Vertrauen als Grundlage

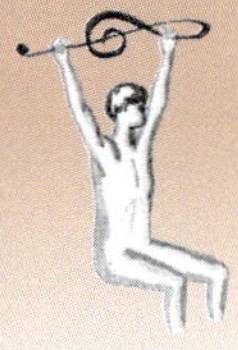

Die Grundlage für eine erfolgreiche Prävention im Unterricht ist ein gutes Lehrer-Schüler-Verhältnis. Nur wenn ausreichendes Vertrauen in den Lehrer besteht, wird sich der Schüler bei eventuellen körperlichen Problemen frühzeitig an ihn wenden. Oft werden jedoch Schwierigkeiten unter den Teppich gekehrt aus Angst, ein schlechter Musiker oder Schüler zu sein. Die Folge sind eine Chronifizierung der Beschwerden sowie ein Nachlassen der Qualität am Instrument. Haben Sie als Lehrer den Verdacht, Ihr Schüler leide unter Beschwerden beim Spielen, sprechen Sie ihn offen und sachlich an und weisen Sie ihn darauf hin, dass es Lösungsmöglichkeiten gibt. Geht das Problem über die Kompetenz des Lehrers hinaus, ist es hilfreich, Ansprechpartner und Adressen in Wohnortnähe zu kennen. Dies bezieht sich auf spezialisierte Ärzte und Therapeuten, aber auch auf Instrumentenbauer, die eventuell erforderliche ergonomische Anpassungen am Instrument vornehmen können. Die Adresse der Deutschen Gesellschaft für Musikphysiologie und Musikermedizin, bei der Sie weitere Informationen erhalten, finden Sie im Anhang.

Beanspruchte Körperregionen

Eine sinnvolle Prävention richtet sich nicht nur nach dem gespielten Instrument, sondern vor allem nach Ihrer individuellen Konstitution. Da sich diese von Person zu Person unterscheidet, werden hier keine spezifischen Übungen für ein Instrument gezeigt.

Ein praktisches Beispiel verdeutlicht die Problematik: Stellen Sie sich zwei Geiger vor, die Wirbelsäule des einen weist einen deutlichen Rundrücken auf, der andere hat eine extrem gerade, fast soldatische Haltung. Obwohl beide das gleiche Instrument spielen, benötigen sie auf Grund ihrer Statik andere, fast gegensätzliche Basisübungen. Gemeinsam sind ihnen lediglich die Anforderungen, die die Geige an ihren Körper stellt.

Ein Präventionsprogramm für den Geiger mit dem Rundrücken besteht somit aus einer Kombination von Übungen für die allgemeine Aufrichtung (z. B. „Flieger" S. 48, „Brustwirbelsäulen-Dreher" S. 46, „Im Gleichgewicht" S. 55, „Tisch" S. 55) und Übungen für die beim Geigespielen stark beanspruchte Region des Schulter-Nacken-Bereichs. Der Geiger mit dem Flachrücken wählt Übungen, die seinen Oberkörper mobilisieren (z. B. „Windmühle" S. 64, „Armschleuder" S. 85, „Beugung der Brustwirbelsäule" S. 46) und wiederum auch solche für den Schulter-Nacken-Bereich.

Ihre eigene Grundhaltung haben Sie bereits in „Ursachen und Gewohnheiten" S. 13 analysiert. Wenn Sie sich jetzt noch klar machen, welche Regionen Ihres Körpers durch das Instrument besonders beansprucht werden, können Sie sich einen umfassenden Präventionsplan zusammenstellen. Richtlinien bezüglich Dauer und Häufigkeit finden Sie ab S. 19.

Auf die Beschreibung von Beschwerden wird hier bewusst verzichtet, da eine beanspruchte Region nicht zwangsläufig Probleme verursachen muss. Sie sollte nur so gut wie möglich trainiert sein und zwar bezüglich Mobilität, Kraft, Dehnfähigkeit, Ausdauer und Koordination. Um Ihnen bei der Auswahl der Übungen eine Orientierung zu geben, sind diese Kategorien als Hauptziel bei der beanspruchten Region jeweils vermerkt.

Prävention für einzelne Instrumente

Alle Instrumentalisten verbringen viel Zeit im Stehen oder Sitzen. Eine gut trainierte Rumpfmuskulatur ist dafür die Voraussetzung. Weiterhin ist die Aufrichtung der Wirbelsäule sowie die Kraftausdauer der stabilisierenden Rücken- und Bauchmuskulatur die Grundlage für eine koordinierte Bewegung der Extremitäten.

Zur Verbesserung der Rumpfstabilität eignen sich folgende Übungen: „Programm zur Verbesserung der Kraftausdauer im Rumpf" S. 98, „Diagonale Streckung" S. 37, „Flieger" S. 48, „Gymnastikband-Aufrichtung" S. 49 „Im Gleichgewicht" S. 55, „Tisch" S. 55 und „Langsitz" S. 56.

Zur Verbesserung der Stabilität im Stand können Sie die Übungen aus „Stand und Sitz" ab S. 88 hinzufügen.

Geige und Bratsche

Halswirbelsäule:	Mobilisation, Dehnung
Schultergelenke:	Mobilisation, Kräftigung, Dehnung, Koordination
Unterarme:	Dehnung
Handgelenke:	Mobilisation

Bei der Bratsche wächst je nach der Größe des Instrumentes die Beanspruchung des linken Schultergelenks, Arms und der Finger. Spielen Sie eine große Mensur, sollten Sie die Übung zur Schulterzentrierung und -dehnung vor allem links verstärken sowie das Präventionsprogramm durch die Übungen „Fingerstabilität" S. 77, „Spinne" S. 81 und „Kräftigung mit Stabilisationsgeräten" S. 68 ergänzen.

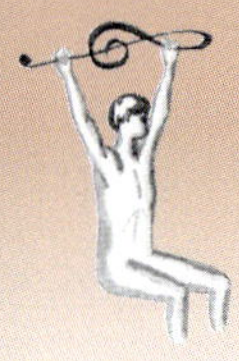

Cello

Lendenwirbelsäule:	Mobilisation, Kräftigung, Koordination
Halswirbelsäule:	Kräftigung, Dehnung
Schultergelenke:	Mobilisation, Kräftigung, Dehnung, Koordination
Handgelenke:	Mobilisation, Dehnung
Finger und Daumen:	Kräftigung, Koordination
Rechter Daumen:	Entspannung, Massage

Bass

Lendenwirbelsäule:	Kräftigung, Koordination
Brustwirbelsäule:	Mobilisation, Kräftigung, Dehnung, Koordination
Halswirbelsäule:	Kräftigung, Dehnung
Schulter:	Mobilisation, Kräftigung, Dehnung, Koordination
Unterarme:	Dehnung
Hand, Finger:	Kräftigung, Koordination

Bassisten benötigen einen hohen Widerstand, um Kraft und Stabilität in den Fingern der linken Hand ausreichend zu verbessern. Hier eignen sich auch spezielle Trainingsgeräte aus dem Klettersport, bei denen die einzelnen Finger und der Daumen gegen Metallfedern arbeiten müssen.

Flöte

Brustwirbelsäule:	Mobilisation, Kräftigung, Dehnung, Koordination
Halswirbelsäule:	Mobilisation, Kräftigung, Dehnung, Koordination
Schulter:	Mobilisation, Kräftigung, Dehnung, Koordination
Unterarme, Handgelenke:	Mobilisation, Dehnung
Finger, Daumen:	Kräftigung

Oboe, Klarinette, Blockflöte

Brustwirbelsäule:	Kräftigung, Dehnung, Koordination
Halswirbelsäule:	Mobilisation, Kräftigung, Dehnung
Schulter:	Mobilisation, Koordination
Finger, Daumen:	Kräftigung, Koordination

Beim Englisch Horn sollte der Schwerpunkt auf der Kräftigung der Brust- und Halswirbelsäulenmuskulatur sowie der Verbesserung der Stabilität des rechten Daumens liegen.

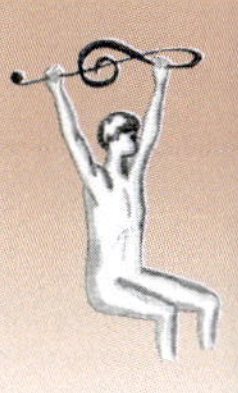

Fagott, Saxophon

Brustwirbelsäule:	Kräftigung, Koordination
Halswirbelsäule:	Mobilisation, Kräftigung, Dehnung, Koordination
Schulter:	Mobilisation, Kräftigung, Dehnung, Koordination
Unterarm, Handgelenk:	Mobilisation, Dehnung
Finger, Daumen:	Kräftigung

Horn

Lendenwirbelsäule:	Kräftigung
Brustwirbelsäule:	Mobilisation, Kräftigung

Trompete

Brustwirbelsäule:	Kräftigung, Koordination
Halswirbelsäule:	Kräftigung
Schultern:	Kräftigung, Koordination

Posaune

Brustwirbelsäule:	Kräftigung, Koordination
Halswirbelsäule:	Kräftigung
Schultern:	Kräftigung, Koordination
Hand, Finger:	Mobilisation, Koordination

Tuba, Bass- und Kontrabassposaune, Kontrafagott, Baritonsaxophon

Aufgrund des Gewichts der Instrumente dieser Gruppe steht hier die Verbesserung der Kraftausdauer der gesamten Wirbelsäule im Vordergrund. Geeignete Übungen sind alle Kräftigungs- und Koordinationsübungen für Lenden-, Brust- und Halswirbelsäule sowie für Schulter und Arm. Sie sollten die Übungen auch durch höhere Wiederholungszahl, durch Einsatz von höherem Gewicht (Kurzhanteln oder Seilzug) und weiteren Geräten (z. B. Stabilisationsgeräte oder Training im Fitnessstudio) steigern. Beim Transport großer und schwerer Instrumente sind rückenfreundliche Kästen oder Tragetaschen sinnvoll. Verteilen Sie das Gewicht am Besten möglichst gleichmäßig auf dem Rücken und vermeiden Sie einseitiges Tragen auf einer Schulter. Je schwerer das Instrument ist, umso wichtiger sind ergonomische Hilfsmittel. Nutzen Sie Ständer, Kissen und Stachel beim Spielen, um die Belastung soweit wie möglich zu reduzieren.

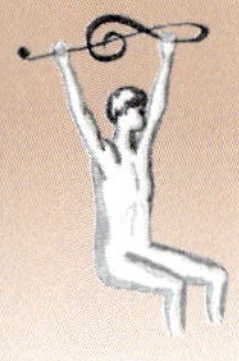

Gitarre

Lendenwirbelsäule:	Mobilisation, Kräftigung, Dehnung
Brustwirbelsäule:	Kräftigung, Dehnung, Koordination
Unterarme, Handgelenke:	Mobilisation, Dehnung, Koordination

Harfe

Lendenwirbelsäule:	Kräftigung, Koordination
Brustwirbelsäule:	Mobilisation, Koordination
Halswirbelsäule:	Kräftigung, Dehnung
Schultern:	Kräftigung, Dehnung, Koordination
Unterarme, Handgelenke:	Mobilisation, Dehnung

Klavier, Cembalo

Lenden- und Brustwirbelsäule:	Kräftigung, Koordination
Halswirbelsäule:	Dehnung, Kräftigung, Koordination
Schultern:	Mobilisation, Dehnung, Koordination
Unterarme, Handgelenke:	Mobilisation, Dehnung
Hand, Finger:	Kräftigung

Der sensible Anschlag beim Cembalo erfordert ein sehr ruhiges Sitzen. Kräftigungs- und Stabilisationsübungen für die gesamte Wirbelsäule sowie die Mobilisation der Handgelenke sollten daher den Kern des Präventionsprogramms bilden.

Orgel

Lenden- und Brustwirbelsäule:	Kräftigung, Koordination
Halswirbelsäule:	Dehnung, Kräftigung, Koordination
Schultern:	Mobilisation, Dehnung, Koordination
Unterarme, Handgelenke:	Mobilisation, Dehnung
Hand, Finger:	Kräftigung

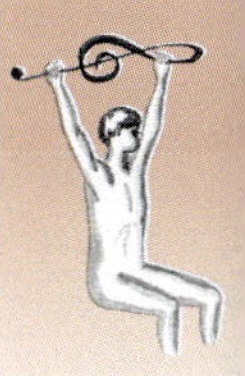

Beim Orgelspielen ist die Anforderung an die stabilisierende Bauch- und Rückenmuskulatur durch den fehlenden Bodenkontakt der Füße besonders groß. Sämtliche Kräftigungsübungen sollten daher mit höherer Wiederholungszahl ausgeführt werden (Verbesserung der Kraftausdauer). Der Einsatz von Stabilisationsgeräten (s. S. 68) ist ebenfalls hilfreich. Um die Sprunggelenke beweglich zu halten, eignet sich die Übung „Lockerndes Kreisen" aus dem Kapitel Aufwärmen (s. S. 28).

Schlagzeug (alle Schlaginstrumente zusammengefasst)

Lenden- und Brustwirbelsäule:	Kräftigung, Koordination
Halswirbelsäule:	Dehnung, Kräftigung, Koordination
Schultern:	Mobilisation, Kräftigung, Dehnung, Koordination
Unterarme, Handgelenk:	Mobilisation, Dehnung
Finger:	Kräftigung, Koordination

Viele Schlaginstrumente erfordern einen höheren Kraft- und Halteaufwand. Erweitern Sie deshalb die Kräftigungsübungen für die Lendenwirbelsäule und den Schulter-Oberarm-Bereich durch Gerätetraining bzw. höhere Widerstände und Wiederholungszahlen (s. „Tuba" etc.). Das Übungsprogramm zur Verbesserung der Kraftausdauer des Rumpfes ist ebenfalls gut geeignet (s. S. 98).

Die Richtlinien zum Transport entsprechen ebenfalls denen der anderen schweren Instrumente.

Dirigent

Lenden-, Brust- und Halswirbelsäule:	Mobilisation, Kräftigung, Dehnung, Koordination
Brustwirbelsäule:	Schwerpunkt Schulterblattfixation
Schulter:	Mobilisation, Koordination
Handgelenke:	Mobilisation

Anhang

Informationen zu musikphysiologischen Fachgesellschaften

Die in vielen Ländern ansässigen verschiedenen musikphysiologischen Fachgesellschaften bieten kostenfreie Informationen zur Musikergesundheit mit Literaturlisten, Forschung und Veranstaltungen an. Weiterhin können Sie über die jeweiligen Ansprechpartner Adressen von auf Musiker spezialisierten Ärzten, Therapeuten und Pädagogen erfragen.
Zusätzlich zu den großen Fachgesellschaften gibt es auch häufig regionale Arbeitsgruppen.

AUSTRALIEN
The Australian Society for Performing Arts Healthcare. ASPAH.
www.aspah.org.au

DEUTSCHLAND
Deutsche Gesellschaft für Musikphysiologie und Musikermedizin. DGfMM.
www.dgfmm.org

FRANKREICH
Médicine des Arts.
www.medecine-des-arts.com

GROSSBRITANNIEN
British Association for Performing Arts Medicine. BAPAM. www.bapam.org.uk

NIEDERLANDE
Nederlandse Vereniging voor Dans- en MuziekGeneeskunde. NVDMG.
www.nvdmg.org

ÖSTERREICH
Österreichische Gesellschaft für Musik und Medizin. ÖGfMM.
www.oegfmm.at

SCHWEIZ
Schweizerische Gesellschaft für Musik-Medizin. SMM.
www.musik-medizin.ch

USA
Performing Arts Medicine Association. PAMA.
www.artsmed.org

Informationen zu den im Buch verwendeten Trainingsgeräten

Alle vorgestellten Geräte können Sie im Sportgeschäft, Sanitätshaus oder bei Physio- und Fitnessgerätefirmen direkt oder über das Internet erwerben. Wichtig sind eine gute Qualität des Materials, die Wahl der für Sie passenden Stärke und bei Gymnastikbändern eine ausreichende Länge (1,80 bis 2,00 Meter).

Die gängigsten Eigennamen bei Gymnastikbändern sind Theraband oder Physio-Band, bei den Handtrainingsgeräten PressEgg, Eggsercizer und PowerWeb und bei den Stabilisationsgeräten ProprioMed, Powerswing oder Flexibar.

Die Preise reichen von ca. 11 € für ein Gymnastikband und Handtrainings-Ei über 30–40 € für ein PowerWeb und 40–80 € für ein Stabilisationsgerät.

Häufig liegt den Geräten ein Übungsheft bei, so dass Sie die in diesem Buch gezeigten Übungen noch durch weitere ergänzen können.

Weitere Publikationen von Alexandra Türk-Espitalier:

Stephan Berg, Alexandra Türk-Espitalier, Ulf Henrik Göhle
Fitissimo – Die Gesundheitsapp für Musizierende
Im Auftrag des Sächsischen Musikrats App Store und Google Play Store. 2023

Alexandra Türk-Espitalier
Musicians in Motion
Musikverlag Zimmermann, Mainz. 2016
Im Jahr 2019 erschien auch eine chinesische Übersetzung im Verlag SMPH, Shanghai.

Claudia Spahn, Bernhard Richter, Alexandra Türk-Espitalier
Musikergesundheit in der Praxis
Grundlagen, Prävention, Übungen
Henschel, Leipzig. 2015

Alexandra Türk-Espitalier, Martin Fendel
Gerne will ich mich bequemen...
Gesundheitstipps für Kirchenmusiker
BAD, Köln. 2006. Neuauflage 2012

Weitere Artikel zu ausgewählten Themen der Musikergesundheit finden Sie auf
www.musik-physio.de

Über die Autorin

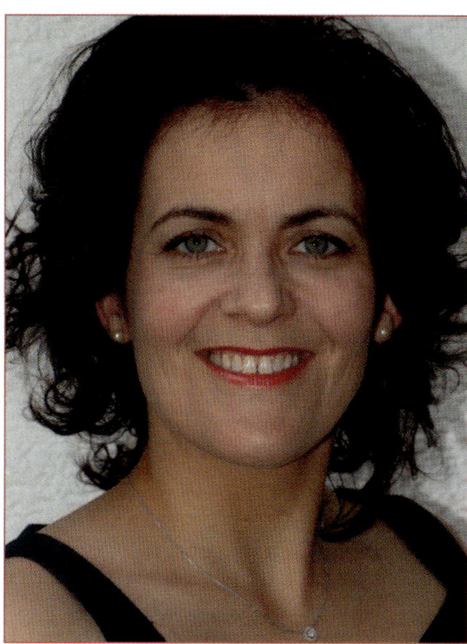

Dr. Alexandra Türk-Espitalier, MSc ist seit 20 Jahren Expertin im Bereich der Musikphysiologie/Musikergesundheit und unterrichtet als Senior Lecturer an der Universität für Musik und Darstellende Kunst Wien (mdw).
Sie studierte Flöte (IGP und Konzertfach) in Frankfurt, Physiotherapie (MSc) in Edinburgh und Musikwissenschaft (PhD) in Wien.
Ihre Unterrichtsschwerpunkte sind die Prävention von spielbedingten muskuloskelettalen Beschwerden, die Bewegungsanalyse am Instrument und die Verbesserung der musikalischen Leistung durch körperliches Training.

Dr. Türk-Espitalier ist Autorin und Co-Autorin zahlreicher Bücher und Artikel mit den Themen Prävention und Übungen für Musiker, Training und Übepläne. Sie arbeitet mit Orchestern und Solisten zusammen und unterrichtet auf Meisterklassen, Kongressen und an verschiedenen musikalischen Ausbildungsstätten. Weiterhin betreibt sie einen Youtube-Kanal zum Thema Musikphysiologie.

Zusätzlich zu ihrer Lehrtätigkeit leitet Dr. Türk-Espitalier den universitären Zertifizierungslehrgang Musikphysiologie an der mdw.

www.musik-physio.de

Danksagung

Die Fertigstellung eines Buches ist immer das Ergebnis hervorragender Teamarbeit. Ich möchte daher allen Personen aufs Herzlichste danken, die an „Musiker in Bewegung" mitgearbeitet und mich tatkräftig unterstützt haben.

In erster Linie sind dies sämtliche Mitarbeiter des Zimmermann-Verlages, ohne deren Engagement das gesamte Projekt nicht realisiert worden wäre.

Ein ganz besonderer Dank gebührt weiterhin dem Portraitfotografen Jérôme Müller-Dupage für seine Fähigkeit, Bewegung und Ausdruck mit der Kamera festzuhalten. Ebenso möchte ich den Modellen Tatjana, Stephan, Inga und Olivia für ihr Mitwirken und ihr Durchhaltevermögen beim Posieren danken.

Ulla Udluft bereicherte das Buch mit ihren anschaulichen Zeichnungen und Christine Wendel mit der sorgfältigen Korrektur der Texte. Herzlichen Dank auch an sie beide.

In meinem eigenen Berufsweg, der sich auch in diesem Buch niederschlägt, wurde ich glücklicherweise immer von vielen Menschen gefördert. Ganz besonders möchte ich mich bei Prof. Dr. Jochen Blum bedanken. Nicht nur für sein Geleitwort zu diesem Buch, sondern vor allem für die nun schon einige Jahre währende Zusammenarbeit an der Hochschule und die damit einhergehende fachliche und persönliche Unterstützung.

Und was nützte das beste Wissen, wenn ich meine Ideen nicht mit meinen Patienten und Studenten gemeinsam realisieren könnte? Vielen Dank daher für ihr Vertrauen und dass sie mich täglich aufs Neue herausfordern.

Alexandra Türk-Espitalier
Frankfurt, Sommer 2008

Letitia Fiorenza
Regula Schwarzenbach

Höhenflüge mit Bodenhaftung

Die Methode Atem-Tonus-Ton für Flötistinnen und Flötisten
Ein Übungsbuch für Neugierige

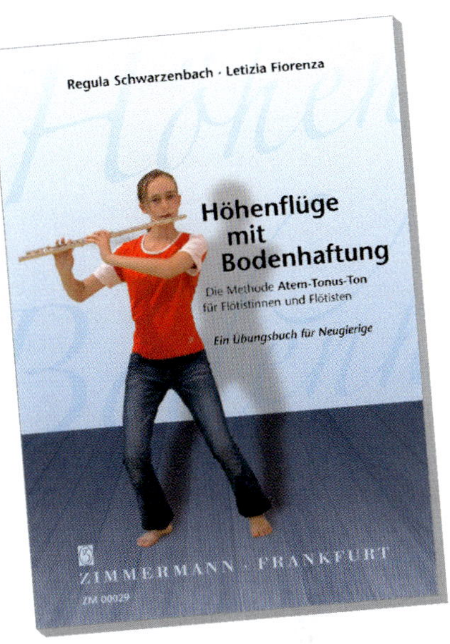

Dieses Buch beschreibt Atem- und Körperübungen, mit denen man lernt, die Kraft dort zu mobilisieren, wo sie ist und die Leichtigkeit dort entstehen zu lassen, wo sie nötig ist. Dabei bedienen sich die Autorinnen der Methode Atem-Tonus-Ton, die ursprünglich für Sprecher und Sänger entwickelt wurde. Mit den Übungen dieser Methode lernen Sie, den ganzen Körper einzusetzen, um Ihr Instrument zum Klingen zu bringen. Die Übungen wirken sich auf das gesamte körperlich-seelische Gleichgewicht aus und können ohne besonderen Aufwand in das tägliche Musizieren eingebaut werden.

88 Seiten, Format 17 x 24 cm · ISBN 978-3-912729-83-0 · ZM 00029

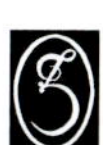

Linda Langeheine

Üben mit Köpfchen

Mentales Training für Musiker

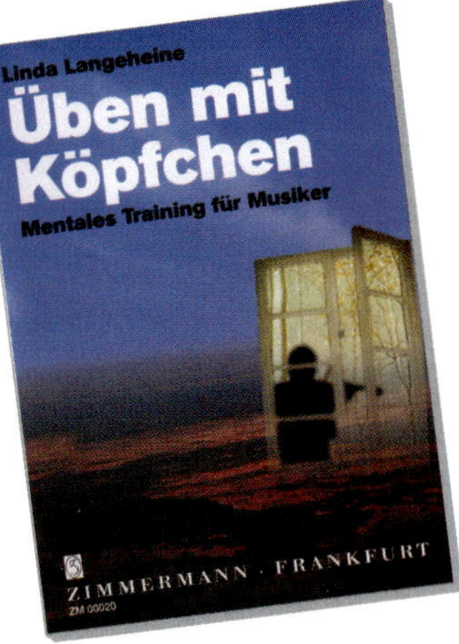

In ihrem Buch beschreibt die Autorin systematische Techniken zur Entspannung und gibt zahlreiche Anregungen zur Gestaltung und zum zeitlichen Ablauf des Übens. Mentales Training kann nicht das Üben mit dem Instrument ersetzen, kann aber „unsinniges" Abspulen und den Aufbau von Angststellen verhindern helfen. Das Buch räumt mit überholten Vorstellungen von der Übearbeit auf und versucht, sie durch effektivere zu ersetzen. Ein umfangreiches Literaturverzeichnis gibt Anregungen zur Weiterarbeit und Vertiefung in einzelnen Bereichen.

80 Seiten, Format 17 x 24 cm · ISBN 978-3-921729-52-6 · ZM 00020

Lampenfieber ade

Ratgeber für die erfolgreiche Bewältigung von Auftrittsangst

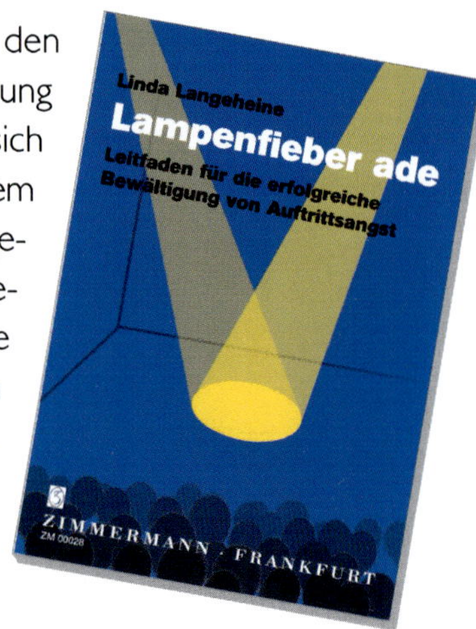

Wer kennt es nicht, das unangenehme Gefühl, das den Körper in ein Nervenbündel verwandelt und die Leistung schmälert oder gar zunichte macht, auch wenn man sich noch so gründlich auf den Auftritt vorbereitet hat? In ihrem Ratgeber nimmt sich die erfolgreiche Autorin Linda Langeheine des schwierigen Themas Lampenfieber an. Systematisch spürt sie den Ursachen nach und versucht die Angst vor der Angst überzeugend abzubauen. Denn Lampenfieber entsteht im Kopf, und hier, also mental, kann man lernen, mit Lampenfieber umzugehen, ja, es positiv zu nutzen. Ein spannendes Buch, nicht nur für Musiker!

112 Seiten, Format 17 x 24 cm · ISBN 978-3-921729-78-6 · ZM 00028

www.musikverlag-zimmermann.de *More than passion!*

MUSIKVERLAG ZIMMERMANN 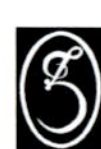